누군가의 곁에 있기

누군가의 곁에 있기

취약함을 끌어안고 다른 삶을 상상하며 만들어낸 돌봄의 세계들

초판 1쇄 펴낸날   2024년 11월 29일

지은이 고선규 리단 박소영	**편집** 이정신 이지원 김혜윤 홍주은
백정연 장혜영 조기현	**디자인** 김태호
펴낸이 이건복	**마케팅** 임세현
펴낸곳 도서출판 동녘	**관리** 서숙희 이주원

만든 사람들
편집 김혜윤   **디자인** 김태호

인쇄·제본 영신사   **라미네이팅** 북웨어   **종이** 한서지업사

등록 제311-1980-01호 1980년 3월 25일
주소 (10881) 경기도 파주시 회동길 77-26
전화 영업 031-955-3000 편집 031-955-3005 팩스 031-955-3009
홈페이지 www.dongnyok.com 전자우편 editor@dongnyok.com
페이스북·인스타그램 @dongnyokpub

ISBN 978-89-7297-146-7 (03330)

취약함을 끌어안고
다른 삶을 상상하며
만들어낸 돌봄의 세계들

누군가의
곁에 있기

고선규 리단 박소영
백정연 장혜영 조기현

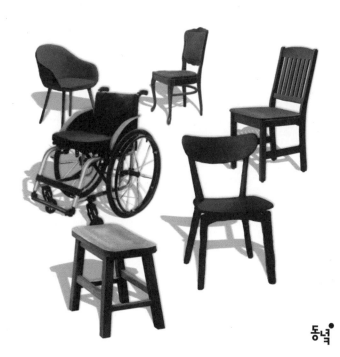

동녘

차례

곁에 있다는 것을
질문하지 않는 사회에서

조한진희
다른몸들 대표,
《돌봄이 돌보는 세계》편저자

"나는 하기 싫고 누군가 저비용으로 안전하게 해
주었으면 하는 것."

이것이 바로 2000년대 한국사회 돌봄이 처한 창
백한 현실이라고 나는 분석한 바 있다. 가족 안에서
혹은 임금노동자로서, 돌봄을 책임지고 있는 수많은
사람들을 만나고 토론하며 성찰하게 된 현실이었다.
돌봄은 생명을 위한 필수적 활동이고, 오랜 시간 헌신
과 사랑이라는 말로 찬미되어 왔으나, 점점 더 많은
이들이 돌봄의 책임으로부터 탈주하고 싶은 욕망에
시달리게 된 시대다.

우리는 왜 이런 사회를 살게 됐을까. 2021년 기준
OECD 국가 중 노동시간 2위 장시간 노동 사회인 한국에서는 퇴근 이후 누군가를 돌볼 여력이 남지 않은 경우가 상당하다. 게다가 일터에서 비정규직, 여성, 질병, 장애, 퀴어 등 다양한 이유로 차별을 겪다 보면 또 다른 감정노동으로 탈진한 상태로 귀가하게 된다. 사회적으로 성공한 자리에 올라가기 위해서는 자신의 돌봄 책임을 회피해야 하고, 돌봄을 하면 할수록 더욱 취약해지며, 평생 누군가를 돌봐온 사람은 '집에서 노는 사람'으로 취급된다. 이외에도 셀 수 없이 많은 요소가 돌봄이라는 행위에 대해 '하기 힘들고, 귀찮은 일'이라는 감정을 먼저 일으키게 만들고 있다.

　　돌봄은 늘 문제였고 위기였으나, 오랫동안 변방의 주제로 취급되었다. 역사적으로 집안에서 사랑의 이름으로 여성에게 부여됐던 돌봄을 '문제화'한 것은 페미니스트들이었다. 성역할로 자연화Naturalized되어 모성이나 사랑과 헌신의 행위로 여겨지던 돌봄을 '노동'으로 명명한 것이다. 1970년대 실비아 페데리치Silvia Federici 등이 주도한 가사노동 임금화 운동처럼 노동의 가치를 재평가하려는 시도들도 다양한 방식으로 일어났다. 한국에서는 1990년대 페미니스트 진영을 중심으로 가사돌봄노동의 재평가와 돌봄의 사회화 요구가 가속화되어 왔다. 한편 자본에게도 여성 노동력을 임

노동 시장에서 활용하기 위해서는 돌봄의 사회화가 일정 정도 필요했다. 그리고 2000년대, 돌봄의 사회화가 시장화 형태로 진행되는 비극이 발생했다.

최근 돌봄이 유래 없이 사회적 중심 의제로 부상하고 있다. 다양한 시민사회단체는 돌봄을 주요 의제로 앞다퉈 채택하고 있으며, 돌봄 공공성 강화나 돌봄 사회로의 전환이 필요하다는 주장도 빠르게 확산되고 있다. 국회에서도 돌봄 관련 법이 어느 때보다 발 빠르게 발의 및 제정되는 중이다. 정부는 저출생과 돌봄 위기를 해결한다며 최소한의 인권도 보장하지 않은 '필리핀 이주가사노동자' 제도를 도입하고 있다.

나는 돌봄에 대한 이런 뜨거운 관심이 반갑다. 하지만 오랫동안 돌봄 의제를 다뤄오며, 여러 절망의 변곡점을 겪었던 경험에서 지금의 현실이 무척 우려스럽다. '돌봄의 사회화'가 시장화로 이어지면서, 돌봄이 빈곤 여성들에게 외주화되었던 것과 같은 현실이 반복되는 게 아닐까 깊이 염려된다. 만약 1990년대에 우리가 '돌봄의 사회화'가 무엇이고 어떤 형태로 나아가야 하는지 제대로 토론해나갔다면 최소한 지금처럼 엉망인 돌봄 시장이 형성되지는 않았을지도 모른다는 후회도 있다. 한국사회에서 돌봄이 무엇인지 근본적 질문을 사회적으로 함께 지속해 나갔다면, 돌봄 빈곤 속에서 사라지는 생명이 흔한, 지금 같은 사회는 되지 않았을지도 모른다는 성찰이기도 하다.

나의 이런 후회와 성찰은 오래전 돌봄에 대한 새로운 관계와 대안적 윤리를 실천해 보고자 했던 시절에서 시작한다. 1990년대 중후반 나는 여성운동을 함께하는 동료들과 '여성주의 공동체'를 지향하면서 몇 년간 공동 주거를 했다. 당시 우리는 '무엇이 여성주의 공동체인가'에 대해, 그리고 '보살핌 윤리(지금은 돌봄이라는 말을 보편적으로 쓰지만 오랫동안 돌봄과 보살핌은 함께 쓰였다)'에 대해 자주 토론했다. 일상에서 서로를 보살피고, 크고 작은 살림을 하는 것의 어려움과 의미를 나눴다.

하지만 당시 여성단체에서 상임활동을 하면서 가사노동 재평가에 대한 피켓을 만들거나 관련 토론회를 마치고 퇴근해 집에 돌아왔을 때도, "가사노동은 유의미한 노동"이라는 말 정도를 했을 뿐이다. '돌봄의 사회화'를 구호로서 말하면서도 어떤 방식으로 사회화되어야 하는지, 돌봄이 가족이나 친밀한 관계에 갇히지 않은 사회는 어떤 모습일지 충분한 토론으로 이어가지 못했다. 돌봄에 대한 치열한 고민 속에서 새로운 대안을 모색하자던 우리 내부에서도 이 정도였으니, 사회적으로 돌봄에 대한 다양한 논쟁의 장을 만들고 담론을 확장하는 일도 한계가 있었을 것이다. 무엇보다 '돌봄의 사회화'가 시장화의 방식으로 진행되는 것에 대한 대응 전략도 이야기하지 못했다. 세계적으로 그런 사례가 적지 않았음에도 말이다. 그래서 최근 몇 년간 돌봄에 대한 뜨거운 관심이 제대로 된 방향을 잡지 못하고 다시 오류의 역사를 쓰게 될까 봐 초조하게 비판하기도 했다.

나는 책《돌봄이 돌보는 세계》에서 우리 사회 돌봄 담론이 '사회서비스' 중심으로 진행되는 것을 비판적으로 언급한 바 있다. 동시에 의존의 '정상성'을 다루면서, 질병과 장애는 물론 의존하고 돌봄받는 것 자체에 대한 재규정이 필요하다고 주장했다. 이것은 단순히 돌봄의 재평가나 재가치화가 아니라, 돌봄에 대한 근본적 가치체계를 다시 질문해야 한다는 의미였다. 그리고 이 논의는 지금의 돌봄 문제를 풀어나가기 위해, 돌봄 공공성 강화나 돌봄사회로의 전환을 위해 반드시 필요한 주제다.

현재 돌봄 공공성 강화가 필요한 것은 맞지만, '사적 영역'에서의 돌봄이 필요 없다거나 중요하지 않다는 뜻은 아니다. 그리고 그 둘은 개별적으로 존재하는 게 아니라, 연결되어 있다. 사적 영역에서 이뤄져온 돌봄의 풍경은 익숙하지만, 그렇기 때문에 잘 질문되지 않는 영역이다. 돌봄으로 관계를 맺는다는 것이 무엇이고 어떤 방식으로 관계 맺어야 하는지 여전히 충분히 사회적으로 논의되지 못하고 있다. 게다가 공적 영역에서의 돌봄도 그렇지만, 사적 영역에서의 돌봄은 더욱이 선의, 헌신, 사랑, 아름다움 같은 말에 갇히면서 돌보는 행위에 대한 토론이나 성찰, 비판 자체가 충분히 이뤄지지 않는 장이 되었다. 돌봄에 대한 이러한 토론이 누락된 채 진행되는 돌봄 논의는 한계가 있을 수밖에 없다.

그래서 다양한 시민들의 여러 관계 속 돌봄을 다루고 있는 이 책의 출간이 유의미하고 반갑다. 여섯 명의 저자가 각자의 삶에서 만들고 있는 돌봄의 세계는 우리 사회의 '지금 여기' 돌봄의 모습을 정직하게 보여주고 있다. '나는 하기 싫고 누군가 저비용으로 안전하게 해주었으면 하는 돌봄'을 넘어 기꺼이 가족, 시민, 지구의 구성원으로서 돌봄의 책임과 의무를 나누고 누리는 이들의 이야기다.

다양한 시민들이 다른 존재와 돌봄 관계를 맺으면서 좌절하고, 만족하고, 비참함을 느끼고, 행복하다고 느끼며 고군분투하는 장면들은 우리 사회의 돌봄 현실을 구체적으로 이해할 수 있게 만든다. 각자가 누구를 왜 돌보고자 하고, 어떻게 돌보고 있으며, 무엇이 돌봄을 가능하게 했는지는 우리 사회 돌봄의 의미와 위치에 관해 주요한 단서들을 제공해준다. 또한 저비용으로 '처리'하는 돌봄이 아닌, 일상의 돌봄을 다양한 방식으로 수행하기 위해 필요한 것이 무엇인지 살펴보는 데 여러 영감을 준다.

한편 저자들은 자신의 돌봄 경험을 언어화할 수 있는 자원이 있고, 어떤 식으로든 돌볼 수 있는 여건을 마련한 이들이기도 하다. 그들이 만들어가고 있는 돌봄의 세계 속 돌봄의 관계와 모습을 보며 어떤 태도는 반가웠고, 어떤 관점은 우려스러웠고, 어떤 관계는 그 미래가 궁금했다. 돌봄 문제 전반에 관심을 가진 이들 혹은 돌봄 책임을 나누고 서로에게 의존하는 시민이 되고자 하는 이들에게, 이 책이 문제적 텍스트로 다가가길 바란다. 이 책에 쓰여 있는 것처럼 돌봐야 한다는 것이 아니라, 이런 돌봄도 있다는 것을 목격하고 함께 해석하고 토론하며 읽어야 할 이야기들이다.

특히 그간 돌봄 책임을 다해오지 못한 것을 성찰하며, 이제라도 돌봄 책임을 맡겠다고 각성하고 있는 이들에게 추천한다. 그들은 어떻게 돌봄을 시작해야 할지 모르겠다거나, 돌봄을 수행할수록 자신이 제대로 하고 있는 게 맞는지 방향을 잃어가고 있는 것 같다며 또 다른 불안에 갇히고 있는 듯 보였다. 누군가를 적극적으로 돌보고자 마음먹고 있는 독자가 그를 왜 돌보려고 하고, 그간 왜 돌보지 못했는지, 어떤 돌봄을 수행하려는 것인지 질문하면서 책을 읽는다면 더 유의미한 독서가 될 것 같다.

이미 누군가를 돌보고 있다면, 왜 돌보고 있고, 돌봄 과정에서 느끼는 문제와 갈등은 무엇이고, 고통과 만족은 어떤 것이 있는지 저자들의 사례와 자신의 경험을 겹쳐 보며 읽으면 좋을 것 같다. 또 한편 누군가를 돌보고 싶지만 돌볼 수 없는 조건 속에 있는 독자라면, 무엇이 우리를 돌볼 수 없는 자리에 가두고 있으며 돌볼 수 있는 조건이 되기 위해서는 무엇이 필요한지 토론하며 읽을 수 있기를 바란다. 일상에서 벌이는 그 토론들이 돌봄의 세계를 풍부하게 만들고, 우리 사회의 돌봄 담론을 확장시키는 데 중요한 토대가 될 것이다.

'돌봄의 세계'에 대한 우리의 이야기를 확장시키는 책이, 여기 도착했다.

각기 다른 방식으로
곁에 선 사람들의 이야기

홍은전
《그냥, 사람》,《나는 동물》 저자

발달장애가 있는 동생, 인지가 저하된 아버지, 신체장애가 있는 배우자, 정신질환이 있는 애인, 사별자, 그리고 길고양이들. 이 책의 저자들은 각기 다른 방식으로 이들의 곁에 선 자들이다.

취약한 이들을 돌보느라 현실에 발이 묶인 사람들은 모두가 자기만 두고 미래로 떠나버릴 거라는 불안과 외로움을 느끼기도 한다. 하지만 저자들은 취약한 이들의 곁을 지키면서 동시에 길을 떠났다. 서로의 발목을 단단하게 묶고 함께 세상으로, 미래로 나아간 것이다. 이것은 개인이 감당할 수 없는 일이며 그렇게 내버려두어서도 안 된다는 걸 잘 알기 때문이다.

누군가의 곁을 떠나지 않음으로써 세상과 싸우

는 이들의 이야기, 눈물겹게 고단하고 눈부시게 찬란한 이 여정은 우리를 더 나은 세상으로 안내하는 지도가 될 것이다.

우리의 해방은
연결되어
있으니까

◆

장혜영

21대 국회 정의당 소속 국회의원. 어린 시절 장애인
거주시설에 보내져 서른이 될 때까지 그곳에 살던
발달장애인 동생 혜정에게 탈시설을 제안하고
지금까지 함께 살아가고 있는 한 살 많은 언니.
혜정의 탈시설 이후 6개월의 시간을 다큐멘터리
〈어른이 되면〉과 동명의 책으로 만들었다. 장애인과
비장애인이 함께 잘 살아갈 수 있는 세상을 만들고
싶어 정치에 뛰어들었다.

우리가 사는 세상

서른 즈음 결심했다. 18년째 시설에 살고 있는 중증 발달장애인 동생 혜정과 '탈시설'해 함께 살아가기로. 행복해지고 싶어서였다.

어린 시절 초등학교도 졸업하지 않은 채 가족의 결정으로 인근의 장애인 거주시설로 보내진 혜정의 빈자리는 언제나 내 인생의 숙제였다. 나머지 가족들의 삶을 위해 장애가 있는 막내를 버렸다는 죄의식을 끌어안고 10대와 20대를 살았다. 그 시간 속에서 내 목표는 오로지 혜정을 책임질 수 있는 사람이 되는 것이었다. 그러나 '책임진다'는 것이 정확히 어떻게 하는 것인지 몰라 나는 방황했다. 방황 속에서 서서히 깨달았다. 책임을 진다는 것은 함께 살아가는 것이었다.

함께 사는 상상을 하니 고생길이 훤한데 마음이 행복했다. 처음 느껴보는 행복감이었다. 이 기분을 놓칠 수 없어 나는 동생의 탈시설을 돕고 그 애와 살기로 결심했다. 일찌감치 이혼해 각자의 삶을 사시던 아버지와 어머니는 이런 내 결심에 크게 반대했다. 친구들도 사려 깊은 말들로 나를 말렸다. 그러나 내겐 다른 선택지가 없었다. 나를 멈출 수 있는 것은 오로지 동생의 거절뿐이었다. 그러나 긴 시간에 걸쳐 관계를 회복한 후 내가 함께 살자고 했을 때 동생은 "네" 한마디로 모든 것을 결론지었다.

2017년 6월 3일, 사랑하는 내 동생 장혜정은 속옷과 칫솔, 겉옷 몇 벌이 든 게 전부인 작은 캐리어 하나를 끌고서 무려 18년을 살아온 장애인 거주시설과 작별했다. 우리는 서울시 마포구 합정동의 한적한 주택가 구석 오래된 빌라에 방 세 칸짜리 월세를 얻었다.

그렇게 7년이 흘렀다.

나는 발달장애를 가진 한 살 어린 동생 혜정과 7년째 함께 살고 있는 서른일곱 살의 비장애 여성이다. 혜정은 오랫동안 살았던 시설을 떠나 나와 함께 지역사회에서 새로운 삶을 꾸리기 시작했다. 사회 통계상 우리는 '수도권에 거주하는 30대 후반 여성 2인

가구'다. 하지만 이렇게만 우리를 소개하면 어딘지 아쉽다.

우리를 소개한다는 것은 곧 우리가 사는 세상을 소개하는 일이다. 우리가 사는 세상은 비장애인과 장애인이 당연하게 매일 아침 같은 집에서 눈을 뜨며 각자의 하루를 시작하는 곳이고, 장애인 활동지원사*가 일상 유지의 핵심적 역할을 하는 곳이며, 우리와 우리를 둘러싼 사람들 모두가 지역사회에서 자기답게 무사히 할머니 할아버지가 되어갈 수 있는 삶의 방식을 궁리하는 곳이다. 우리가 사는 세상에는 혜정이 있고, 혜정의 언니인 내가 있고, 혜정의 또래 활동지원사인 석류가 있고, 석류 이전의 활동지원사이자 나와 혜정의 친구인 바다, 나율, 윤리가 있다. 또 우리가 살고 있는 서울시 마포구의 '성미산마을' 이웃들이 있다. '발달장애 청년허브 사부작'이라는 이름의 사회적 협동조합과 그곳의 발달장애 청년들, 함께하는 활동가들이 있고 동네 곳곳을 지키는 편의점과 솜씨 좋은 밥집과 미용실의 사장님들이 있다. 세상을 좀 더 좋은 곳으로

---

*   혼자서 일상생활이나 사회활동을 하기 어려운 장애인의 가정에 방문해 자립생활을 할 수 있도록 지원하는 국가 제도인 '활동지원서비스'의 인력이다.

바꾸겠다는 꿈을 버리지 않은 시민단체와 정당이 있고 그 활동가들이 있다. 나는 이 세상에서 혜정과 함께 매일매일을 살아가고 있다.

◆

티오피로 시작해 사부작으로 끝나는 장혜정 씨의 하루

평일 새벽, 휴대폰에서 알람이 울리면 내가 일어나기도 전에 혜정이 부스스한 머리로 총알같이 달려온다. "언니, 티오피, 티오피?" "알았어. 5분만 기다려. 일단 방에 가 있어." 혜정이 방에 들어가는 것을 확인한 나는 부스럭부스럭 전날 미리 사다 숨겨놓은 티오피 캔커피를 혜정에게 가져다준다. 커피를 혜정의 눈에 보이는 곳에 두면 보자마자 단숨에 마셔버리기에 이런 번거로운 과정이 필요하다. 3초 만에 커피를 원샷한 혜정은 곧바로 빈 캔을 내 가방에 집어넣으며 분부를 내린다. "버려주세요." 그리고 말로는 미덥지 못한지 꼭 새끼손가락을 건다. 이 '티오피 의식'은 매일 아침 우리의 하루를 여는 신호다. 이 의식을 담당하는 것은 주로 나이거나 바다다. 현역 정치인이자 이 집의

22

생계를 책임지는 사람으로서 보통 아침 일찍 나갔다 밤늦게 돌아오는 나는 늘 수면 부족에 시달리기에 아슬아슬한 시간까지 잠을 자다 후다닥 채비를 하고 집을 나선다.

내가 출근하고 나면 나머지 아침 시간은 바다와 혜정의 몫이다. 혜정의 첫 활동지원사였던 인디 뮤지션 바다는 상대적으로 오전 시간이 자유롭기에 늦은 밤부터 아침까지 우리 집에 머무르면서 혜정을 돌봐주는 날이 많다. 사실상 혜정의 제도 밖 활동지원사인 셈이다. 혜정은 일어나 티오피를 마시고, 아침밥과 아침 약을 먹고, 방에서 쉬거나 그림을 그린다.

매일 아침 뭘 먹고 싶냐고 묻는 바다의 물음에 혜정의 답은 늘상 정해져 있다. "김치볶음밥." "계란밥." "감튀랑 치킨너겟." "삼겹살(아침부터?)." 바다의 '최애' 아침 식사 메뉴는 맥도날드 햄버거이므로 둘은 자주 "감튀랑 치킨너겟"으로 타협을 본다. 건강한 것 좀 챙겨 먹으라는 내 잔소리가 신경 쓰일 때는 간장계란밥을 만든다. 밥에 간장과 참기름을 넣어 비비고 계란프라이를 얹는 한국인의 소울 푸드 간장계란밥. 어린 시절, 바쁜 엄마가 프라이팬 한가득 해놓고 나가던 김치볶음밥이나 계란볶음밥 같은 음식이 혜정의 취향이다. 이렇게 차린 밥을 나란히 앉아 오순도순 먹으면 좋을 텐데 혜정은 방에서 혼자 먹기를 더 좋아한다. 가끔 정말 좋아하는 사람들이 손님으로 찾아오면 이례적으로 거실에 나와 함께 먹기도 하지만, 대부분은 혼자 방에서 느긋하게 먹는다. 나와서 같이 먹자고 하면 "방에서, 방에서"라며 짜증을 낸다. 혜정의 방에 식사를 가져다주고 거실에 앉아 있으면 안에서 식기가 달그락거리는 소리가 귀엽게 들려온다.

식사를 마친 혜정은 싱크대 위에 식기를 올려두자마자 양치질을 하러 화장실로 직행한다. 안타깝게도 건성건성 할 때가 많아서 두 번 세 번 하는 일이 잦다. 양치를 마친 혜정은 바다를 채근한다. "약. 약." 혜정은 하루에 두 번, 아침과 저녁에 신경과 약을 먹는다. 7년 전 탈시설 직후에는 정신과 약을 먹었지만, 몇 년 전 뇌전증 발작을 한 이후 병원에서 약을 바꾸었다. 다행히도 혜정은 약 먹는 일에 거부감이 없다. 심지어 나나 다른 친구들이 약 주는 일을 깜박하면 본인이 나서서 우리를 재촉한다. 알약도 어찌나 꿀떡꿀떡 잘 먹는지 약 문제로 고생하지 않는 점에 대해 혜정에게 고마운 마음이 들지만, 한편으로는 아주 어릴 때부터 약을 먹어왔기 때문이라고 생각하니 짠하기도 하다.

　밥과 약을 해치운 혜정이 다시 방으로 들어가면 바다는 슬금슬금 청소기를 밀거나 설거지거리를 싱크대에 쌓아놓은 채 기타를 친다. 천성이 느긋한 바다는 집안일에 별 관심이 없다. 그렇게 바다가 미뤄놓고 깜박한 설거지를 오후 활동지원을 위해 도착한 석류가 하는 경우도 왕왕 있다. 이런 일이 쌓여 가끔 서로 한마디씩 핀잔을 주고받기도 한다. 하지만 바다의 이런 무심함이 혜정에게는 편안함이다. 혜정을 생각한다는 이유로 이래라저래라 잔소리를 하다 결국에는 짜증을 유발하는 나나 석류와 달리 바다는 혜정의 편안함을 가장 중요하게 생각해서 웬만해서는 혜정이 하고 싶은 대로 내버려둔다. 그런 바다의 자연주의(?)가 혜정에 대한 속 깊은 돌봄인지 단순한 '귀차니즘'인지 헷갈리기도 하는데, 혜정이 외출하기로 한 날 석류가 올 때까지 둘 다 세수도 안 한 채 쿨쿨 자고 있을 때가 그렇다.

　점심때가 되면 혜정은 석류를 찾는다. 석류와 함께 '사부작'에 가기 위해서다. 오후 12시에서 1시 사이에 혜정을 데리러 오는 활동지원사 석류는 지역사회와 혜정을 잇는 가교다. 약 2년 전부터 혜정의 활동지원사로 일하고 있는 석류는 서울 지하철 6호선 망원역과 마포구청역 사이에 위치한 성산동 일대, 흔히 '성미산마을'이라고 부르는 지역 공동체의 청년 활동가이기도 하다. 석류는 혜정의 활동지원사로 일하면서 혜정의 사회생활 반경을 넓히기 위해 많은 노력을 했다. 그 노력의 가장 분명한 성과는 혜정이 사부작의 멤버 '이나영'이 된 것이다.

사부작, 정식 명칭 '발달장애청년허브 사부작 사회적협동조합'은 발달장애 청년들이 지역사회에서 계속 살아갈 수 있도록 다양한 연결을 만들어내기 위해 발달장애 당사자 청년과 그 가족, 이웃, 활동지원사가 함께 '길동무'가 되어 만들어가고 있는 사회적 협동조합이다.[*]

사부작은 2018년 7월부터 성미산마을에서 시작된 '함께주택협동조합'의 3층짜리 주택 1층을 빌려 아지트로 사용하고 있다. 이 공간을 마련하기 위한 보증금 펀딩에 참여하면서 나와 혜정은 일찌감치 사부작의 존재를 알게 되었지만, 정작 이곳의 문을 선뜻 두드리진 못했다. 서울이라는 거대한 도시에서 익명의

---

[*]   홍세미, 《마을에서 경계없이 다정하게》, 아모르문디, 2023.

개인으로 살아가는 일에 익숙한 나에게 성미산마을처럼 오래된 지역 공동체에 다가가는 일은 어쩐지 무척 어렵게 느껴졌다. 섣불리 다가갔다가 관계를 잘 맺지 못해 오히려 어색해질까 봐 두려운 마음도 있었다.

우리 자매와 사부작 사이의 멀지도 가깝지도 않은 애매한 거리감은 석류가 혜정의 활동지원사가 되면서 빠르게 좁혀졌다. 2020년 초 코로나19 팬데믹이 터지면서 자가격리와 거리두기로 대표되는 방역 지침 하에 혜정의 사회활동 반경은 극히 좁아졌다. 그저 활동지원사와 함께 집에만 있는 날이 많았다. 팬데믹이 공식적으로 해제된 이후에도 쪼그라든 혜정의 활동 반경은 잘 회복되지 않았다. 어찌 보면 당연했다. 혜정의 사회적 관계망을 회복하기 위해서는 누군가 함께 의식적인 노력을 해야 하는데, 온갖 일들로 매일 눈코 뜰 새 없이 바쁜 내가 그 노동을 살뜰히 해낼 수 없었기 때문이다. 석류는 바로 이 빈자리를 채워주었다. 석류는 활동지원사로서 혜정을 '리드'하지는 않지만, 지역사회의 다양한 활동을 혜정에게 알려주고 참여 의사를 묻는 방식으로 혜정의 시야를 넓힘으로써 곧 혜정의 세계를 넓혀나갔다. 그 확장의 중심에 사부작이 있었다.

사부작의 활동은 다양한 동아리를 중심으로 굴러간다. 훌라 동아리 '선샤인 아놀드 훌라'부터 그림 동아리 '모던양파'까지 다채로운 동아리가 있는데, 혜정은 대부분의 활동에 참여한다. 사부작의 동아리 활동은 주로 오후에 있어서 석류는 점심시간 전후로 혜정을 데리고 사부작으로 간다. 석류가 현관문을 열고 들어오는 소리가 들리면 혜정은 곧장 따발총처럼 하고픈 말을 쏟아낸다. "오늘 사부작에서 커피믹스 털어먹는 거야. 알았지?" "커피 털어먹는 비디오 찍어줘." "소피아한테 전화해줄까? (문장만 보면 자기가 전화를 해주겠다는 것처럼 보이지만 실제 의미는 소피아에게 전화를 걸어달라는 뜻이다)" "저번에 커피믹스 먹은 비디오 보여줄까?" 혜정의 온갖 주문과 질문 폭탄을 부지런히 받아내며 석류는 꿋꿋이 그날의 일정을 설명한다.

혜정은 요일 감각이 매우 투철하다. 오늘이 무슨 요일인지 알고 싶다면 혜정에게 물어보면 된다. 또한 혜정은 그날그날과 매 순간에 자기 계획이 분명한 사람이다. MBTI로 치자면 대문자 J인 것이다. 물론 그 계획이 무엇인지 남들에게 말로 설명해주지는 않지만, 벌어지는 상황이 스스로 정한 계획에서 벗어나는 순간 크게 짜증을 내기에 그 짜증으로부터 혜정의 생각을 미루어 짐작할 수 있다. 하루는 평일 담당인 석류가 모처럼 토요일에 활동지원을 하기로 했다. 전날 저녁, 내일 석류가 올 거라고 말하자 혜정이 소스라치게 놀라며 외쳤다. "헤엑? 토요일인데?" 문장 끄트머리에 물음표가 200개는 달려있는 듯한 혜정의 반응을 본 모두가 폭소하고 말았다. 이런 혜정을 알기에 나와 혜정 주변의 친구들은 혜정에게 그날그날의 일정과 변화, 나아가 앞으로 정해져 있는 일정을 최대한 미리 설명하고 확인한다.

일정 확인과 외출 준비가 끝나면 혜정과 석류는 집을 나선다. 집을 나서 목적지로 향하는 길은 지하철로 한 정거장 남짓의 거리이지만 실제로는 〈반지의 제왕〉에서 반지를 파괴하러 모르도르로 향하는 것 같은 대모험이다. 도보와 버스, 지하철을 별로 좋아하지 않는 혜정은 늘 "택시! 택시!"를 외치지만 석류는 고맙게도 우리 집 형편을 생각하며 혜정을 설득해 대중교통을 이용한다. 택시를 타면 '도어 투 도어'가 가능한 반면, 대중교통을 이용하거나 걷는 경우에는 새로운 변수가 발생한다. 바로 길가에 복병처럼 존재하는 편의점이다.

혜정은 잘 걷다가도 어느 순간 편의점으로 쏜살

같이 돌진해 맥심 커피믹스 상자를 찾아 그 자리에서 뜯어 가루커피를 물도 없이 입에 탁 털어넣는다. 편의점 직원들은 어안이 벙벙해지거나 노골적으로 불쾌감을 드러내고, 심한 경우 혜정을 쫓아낸다. 이 일을 수습할 책임은 그 자리에서 혜정의 활동지원을 하는 사람의 몫이다. 이 모든 과정은 전광석화처럼 일어나기에 혜정과 함께 편의점 근처를 지날 때면 모두들 반사적으로 긴장을 하며 소통한다. "혜정 누나, 오늘은 아침에 티오피 먹었으니까 커피믹스는 안 먹기로 했지?" "커피믹스는 사부작 가서 먹기로 했으니까 여기서는 안 먹는 거야." 혜정은 탐탁찮은 얼굴일지언정 수긍한다. 수긍하는 이유는 분명하다. 어차피 사부작에서, 혹은 성미산마을의 자주 가는 공간 어딘가에서 커피를 털어먹을 것이기 때문이다.

사부작에 도착하자마자 혜정은 그날의 커피 털어먹기 파트너를 찾는다. 길동무 한 사람을 대동하고 근처 편의점에 가서 커피를 털어먹는 것이 혜정의 오후 루틴이다. 혜정은 요즘 길동무들과 함께 '편의점에서 자기 체크카드로 커피믹스 사서 털어먹기'를 연습하고 있다. 예전에는 편의점에 들어가자마자 매대로 돌진해 손에 잡히는 대로 커피믹스 상자를 뜯고 한 봉

30

을 입안에 후다닥 털어넣었다면, 이제는 물건을 계산대 앞으로 가져와 카드지갑을 찾는다. 마음이 급해서 그런지 카드지갑에서 체크카드를 꺼내는 손이 덜덜 떨리기는 하지만, 이 변화는 놀라운 것이다.

이렇게 '커피를 털어먹는' 혜정은 마치 일기를 쓰듯, 혹은 스포츠 경기에서 하이라이트 장면을 돌려보듯 자기가 커피 마시는 장면을 주변 사람들에게 비디오로 촬영해달라고 요청한 뒤 나중에 내킬 때마다 그 영상을 보여달라고 한다. 가끔은 찍지도 않은 영상을 보여달라고 하기도 하는데 우리는 아주 곤란한 얼굴로 궁색하게 답한다. "안 찍은 영상을 보여줄 수는 없어."

오후 커피 의식이 끝나고 나면 그날의 일정에 따라 그림을 그리거나 훌라를 추거나 요가 수업에 가서 다른 청년들이 요가를 할 때 그 옆에 엎드려 오후를 보낸다. 최근 선샤인 아놀드 훌라의 훌라 공연이 마을 안에서 조금씩 입소문을 타면서 공연 섭외가 들어오기도 한다. 그럴 경우 공연비는 청년들이 다 같이 공평하게 나누어 갖는데, 그렇게 '스스로 번 돈'으로 편의점에서 커피믹스를 사먹는 것이 혜정의 큰 낙이다.

사부작의 동아리 활동이 진행되는 동안 혜정은

틈틈이 석류나 사부작의 다른 활동가들을 시켜 자기 친구들에게 전화를 걸어달라고 요청한다. 상대가 전화를 받으면 곧장 본론으로 들어간다. "오늘 여기 놀러올래요?" "우리 얼굴 볼까요?" 얼굴을 보고 싶다면 좀 미리 약속을 잡으면 좋을 텐데, 혜정의 모든 약속은 늘 당일치기다. 그런데도 가끔 번개가 성사된다. 이렇게 번개가 잡히는 날 혜정은 사부작이나 근처 식당, 혹은 친구들의 집에서 저녁을 먹고 놀다 석류의 퇴근 시간인 10시 전후에 집으로 돌아온다. 저녁 약속이 없는 날은 석류가 집에서 밥을 해주고, 가끔 혜정이 조르면 함께 집 근처 식당에서 외식을 하기도 한다. 집 밖에 한번 나가려면 어르고 달래며 통사정을 해야 했던 코로나19 시기 혜정의 모습은 이제 찾아볼 수 없다. 혜정은 무조건 조금이라도 더 밖에 있으려고 한다. 짐작컨대 그래야 커피믹스를 한 개라도 더 털어먹을 수 있기 때문일 것이다.

다만 수요일 저녁에는 다른 일정이 있다. 수요일 저녁마다 혜정은 예전 활동지원사이자 친구인 나율의 집에 가서 저녁을 먹고 목욕을 한다. 혜정은 욕조 목욕을 정말 좋아하는데, 우리 집 화장실은 좁아서 욕조를 둘 수 없다. 우연히 나율의 집에 놀러갔던 날 혜정이 욕조 목욕을 하며 너무나 즐거워하는 것을 본 나율이 아예 일주일에 한 번 요일을 정해서 목욕도 하고 저녁도 먹으러 오면 어떠냐는 제안을 해준 것이 계기가 되었다. 금상첨화로 나율은 요리왕이다. 못하는 요리가 없고 혜정의 입맛까지 잘 안다. 그래서 혜정은 나율의 집에 가는 수요일을 정말 좋아한다. 화룡점정은 나율이 차를 운전해 혜정을 데리러 오고, 돌아갈 때는 다시 집으로 데려다준다는 점이다. 나율의 집에는 밤이와 팡이라는 예쁜 고양이 둘이 있는데, 평소 동물에 별 관심이 없는 혜정이지만 가끔은 이렇게 뜬금없이 말을 건다고 한다. "밤이야, 나 오늘 커피믹스 두 개 털어먹었당!"

모든 일과를 마친 밤, 혜정은 하루 일정의 마지막 루틴을 실행한다. 귀가하자마자 화장실에 들어갔다 10초 만에 도로 나오며 "세수랑 양치 했어요"라고 주장하는 것이다. 그런 혜정을 다시 화장실로 인도해 깨끗하게 양치와 세수를 시키는 일은 나의 몫이다. 온갖 짜증을 받아내는 것은 덤이다. 씻은 다음에는 저녁 약을 먹을 차례다. 모든 일을 마친 혜정은 방으로 들어간다. 정확히는 들어갔다 도로 나와서 내일 아침에 티오피를 먹을 거라고 약속을 받아낸 뒤 다시 들어가 방문을 닫는다. 그렇게 혜정의 평범한 하루가 지나간다. 빨래와 청소와 그 외 집안일을 나에게 남긴 채.

◆

장혜정이 사는 세계는 어떻게 만들어져왔나

만일 타임머신을 타고 일곱 살의 나를 찾아가 30년 후의 너는 이런 모습으로 살고 있을 거라고 말해주면 절대 믿지 않을 것이다. 혜정의 장애를 있는 그대로 받아들이며 함께 살아가는 친구와 이웃, 정부 재원으로 가족이 아닌 누군가가 혜정의 일상을 지원하는 '활동지원서비스' 같은 것을 1994년의 일곱 살 혜영이는 상상할 수 없었다. 혜정의 탈시설 직후인 2017년의 나 역시 지금과 같은 일상을 구체적으로 상상할 수는 없었다. 어찌 보면 당연했다. 레퍼런스가 없었으니까. 몇몇 탈시설 당사자들의 경험담을 들을 수는 있었지만 "천 명의 시설 거주인이 있다면 천 개의 탈시설이 있다"는 말처럼 그 경험담은 하나의 참고 사례일 뿐 곧장 우리 생활의 지침이 되기에는 무리가 있었다. 롤모델이 없다면 원칙이라도 필요했다. 나는 그 원칙을

'보편의 삶'에서 찾았다.

시설을 나오기 전까지 혜정의 삶을 관통한 키워드는 '특수'였다. 혜정은 '특수'하기에 보편적인 대우가 아닌 특수한 대우가 필요하다는 논리였다. 그러나 대개 그 특수는 선의와 관계없이, 혜정이 더 나은 삶을 살게 만들기보다는 더 큰 소외와 차별로 이어지게 했다. 혜정은 특수하게 분류되고, 분리되고, 격리되고, 배제되었다. 특수란 보편 위에서 선택할 수 있는 것이어야 하지만 혜정과 우리 가족은 특수라는 이름으로 쉽게 보편에서 배제되곤 했다. 그렇기에 이번에야말로 나는 혜정과의 새로운 삶의 원칙을 보편에서 찾고 싶었다.

혜정도 인간이고 나도 인간이다. 우리는 같은 인간이다. 우리에게 주어진 인권은 정확히 같은 것이다. 그렇다면 인간으로서 역경을 이겨내고 더 나은 미래를 손에 쥐는 방법도 비슷하지 않을까. 나는 내가 가장 잘 아는 인생, 내 인생을 돌이켜보았다. 내 삶이 가장 어둡고 막막할 때 나를 지탱해주었던 힘이 무엇이었는지 돌이켜보았다. 그것은 사람이었다. 때로는 친구, 때로는 가족, 때로는 선생님⋯⋯. 나를 진심으로 아끼고 소중하게 생각하는 사람들로 만들어진 관계망

이야말로 내 삶의 안전망이자 동아줄이자 버팀목이었다. 돈, 배움, 일자리, 경험, 더 나은 관점 등등 내가 살아가기 위해 필요한 모든 것은 나를 아끼는 관계로부터 비롯되었다. 그렇다면 혜정도 그렇지 않을까. 혜정에게 지금 가장 필요한 것은 혜정을 사랑하는 이들로 이루어진 관계망이었다. 그것은 혜정이 지난 18년을 시설에서 살아오는 동안 가장 근본적으로 박탈당한 것이기도 했다.

그런 이유로 탈시설 직후 나와 혜정의 최우선순위 과제는 혜정의 새로운 사회적 관계망을 만드는 것, 쉽게 말해 친구를 만드는 것이었다. 그런데 이토록 장애인과 비장애인이 격리되고 분리된 채 살아가는 비장애인 중심의 사회에서 '갑툭튀'한 30대 성인 여성 탈시설 발달장애인은 친구를 어떻게 만들어야 한단 말인가.

나는 손 닿는 곳에서 내가 아는 방식으로 시작하기로 했다. 우정은 모름지기 밥을 먹으며 시작된다. 탈시설 첫 해에 우리 자매는 정말 많은 사람들을 집으로 초대해 밥을 먹었다. 그중 대부분은 내 친구이거나 친구의 친구이거나 과거의 동료들이었는데, 거의 모두 발달장애인과 함께 밥을 먹어본 경험이 한 번도 없다고 했다. 몇몇 예의 바른 친구들은 우리 집에 오기 전에 조심스레 이 사실을 고백하며 혹시라도 결례를 범하고 싶지 않으니 발달장애인을 잘 대하는 특별한 방법이 있으면 알려달라고 묻기도 했다. 비장애인을 잘 대하는 방법이 따로 없듯 장애인을 잘 대하는 방법도 따로 없다고, 그저 인간에 대한 예의가 필요할 뿐이라는 내 대답에 다들 고개를 끄덕였다. 아무리 조심해도 실수는 일어난다. 중요한 것은 실수를 인정하고 사과하는 행동이다.

물론 이런 시도가 곧바로 혜정의 새로운 관계망으로 이어지지는 않았다. 기본적으로는 내가 가진 관계망을 혜정에게 이어주려는 노력이었기 때문이다. 내 친구가 곧바로 혜정의 친구가 되지는 않았다. "혜정 누나는 혜영 선배 동생이죠." "혜정 언니는 혜영 언니 동생이죠." 혜정의 탈시설 이후 첫 6개월을 기록한 다큐멘터리 〈어른이 되면〉에는 혜정과 가까워진 내 주변의 친구와 후배들이 혜정과 자신의 관계에 대해 이야기하는 장면이 있다. "혜정 언니는 제 친구죠"라는 대답을 내가 학수고대한다는 사실을 알지만, 바로 그렇기에 친구들은 솔직하게 아직은 그렇지 않다고 대답했다.

기쁜 것은 그로부터 7년이 지난 지금 혜정은 나의 동생이 아닌 분명한 자기 자신으로서 여러 사람들과 자기만의 우정을 쌓아가고 있다는 점이다. 이 점을 내가 가장 마음 깊이 알게 된 것은 마을 활동가인 한 친구의 결혼식에 하객으로 초대받은 혜정을 따라 그 결혼식에 다녀왔을 때였다. 식장에는 혜정의 다른 친구들이 이미 와 있었다. 함께 왁자지껄 신부 대기실을 찾아가자마자 혜정이 그 친구의 이름을 크게 부르며 함박웃음을 지었다. 나도 인사를 건넸다. "안녕하세요. 혜정 언니 혜영입니다." 혜정이 나를 통해서 새로운 사람을 만나는 것이 아니라 내가 혜정을 통해 새로운 사람을 만나게 되는 경험은 정말 새로웠다. 나는 벅찬 마음에 식장에 앉아 몰래 조금 울었다. 내 꿈이 아주 조금씩 이루어지고 있었다. 장혜정이 시설의 장애인이나 누군가의 가족으로서가 아니라 장혜정이라는 한 인간으로서 자유롭게 살아가는 모습을 보고 싶다는 꿈 말이다.

이런 순간을 맞이하기까지 정말로 많은 사람들의 도움을 받았다. 동정이나 시혜가 아닌 동등한 인간으로서 우정에 기반한 도움이었다. 이런 우정과 환대의 관계를 우리 자매의 가장 가까이에서 맺어온 이들을 소개하겠다. 지금 혜정의 활동지원사인 석류와 역대 활동지원사인 바다, 나율, 윤리 네 사람이다. 나는 이 네 사람 없는 지난 7년을 상상할 수 없다. 과거에 비해 많이 나아졌다고는 하지만 여전히 구멍이 숭숭 뚫린 제도적 현실 속에서 우리 자매가 살아남을 수 있었던 것은 우리의 친구이자 더 나은 사회를 바라는 청년들인 이 네 사람이 혜정의 활동지원사를 하겠다고 기꺼이 나서주었기 때문이다.

내가 혜정과 함께 살아가기 위해 생계노동을 하는 동안, 혜정을 돌봐줄 다른 사람이 반드시 필요하다. 그러나 정부와 지자체가 제공하는 활동지원시간은 우리에게 그림의 떡이었다. 시간은 종이 위 숫자일 뿐 서비스를 제공하겠다고 나타나는 사람이 없었기 때문이다. 월급으로 환산하면 최저임금에 한참 미달하는 월 150시간의 애매한 급여에 성인 여성 발달장애인, 그것도 깐깐한 언니가 같이 사는 집에서 일을 하겠다고 나서는 활동지원사는 거의 없었다.

이런 상황을 보다 못해 자신이 한번 해보겠노라고 활동지원사를 자임한 것이 바다였다. 나중에 바다가 개인적인 사정으로 더 이상 일을 못 하게 되자 나율과 윤리가 그 자리를 채워주었고, 나율이 다른 일을 하게 되자 석류가 그 자리를 뒤이어 채워주었다. 나는 이들을 농담 반 진담 반으로 혜정의 '호카게들'이라고 부른다. '호카게'는 〈나루토〉라는 일본 만화에 나오는, 대대로 마을을 지키는 최강의 닌자이자 지도자에게 부여되는 호칭이다. 언젠가 혜정의 활동지원사 편력을 소개하며 "바다는 혜정이 1대 활동지원사고 나율이는 2대 활동지원사"라고 했더니 옆에서 듣던 누군가가 "1대, 2대 하니까 무슨 호카게 같다"고 웃은 것을 아예 별명으로 굳혀버렸다. 〈나루토〉의 호카게가 나뭇잎 마을을 지킨다면 장혜정의 활동지원사 호카게는 장혜정과 우리가 만든 돌봄의 세계를 지킨다. 만화의 등장인물에게 저마다의 특징과 이야기가 있듯 이 네 명의 호카게들에게도 저마다 나와 혜정을 만나고 인연을 맺은 각자의 이야기가 있다.

초대 호카게인 바다는 내가 일하던 외주 현장의 아르바이트생이었다. 내가 혜정의 탈시설을 한창 준비하며 서울과 여주를 오가던 시기에 몇 번 혜정과 같이 밥을 먹고 시간을 보내며 자연스레 친해졌다. 나는 록 음악을 하는 인디 뮤지션인 바다에게 나와 혜정의 다큐멘터리 〈어른이 되면〉의 음악감독 역할과 혜정의 음악 과외를 제안했다. 바다는 내 제안을 흔쾌히 수락

했다. 자유로운 영혼인 바다는 가끔 입버릇처럼 "혜정 누나가 되는 게 내 꿈"이라고 말한다. 무슨 뜻이냐고 물으니 혜정처럼 자유로운 사람을 본 적이 없기 때문이라고 했다. 다른 사람들의 눈치를 보며 마음을 속이는 것을 극도로 싫어하는 바다에게는 허례허식이라고는 찾아볼 수 없는 혜정의 모습이 하나의 경지로 느껴지는 것 같았다.

두 번째 호카게인 나율은 시부터 동화까지 다방면으로 창작을 하는 프리랜서 창작자이다. 우리는 내가 운영하던 유튜브 채널의 오프라인 미팅을 계기로 서로 알게 되었다. 천성이 섬세하고 다정한 나율은 혜정 특유의 솔직함과 엉뚱함을 좋아했고 혜정이 겪어온 삶의 어려움에 진심으로 눈물 흘렸다. 평소에도 우리 집에 자주 놀러와 바다와 함께 공포영화를 보거나 바다가 없는 날 혜정을 돌봐주던 나율은 바다가 활동지원을 못 하게 되어 생긴 급작스런 돌봄 공백에 발을 동동 구르는 나를 보고 조심스레 자기가 혜정의 활동지원을 해보면 어떻겠느냐고 말해주었다.

나율이 혜정의 활동지원을 하는 기간은 혜정이 코로나19로 집 밖으로 나가지 않았던 시기와 거의 겹친다. 그 시기에 나율은 혜정과의 감정적 소통에 대해 깊이 고민하며 《원의 마을》이라는 동화책을 만들었다. 이 책은 자폐스펙트럼장애를 가진 '원'과 그의 친구인 '나'의 얘기다. 나율은 《원의 마을》에 늘 온 마음으로 혜정을 대하며 관계 맺는 과정의 고민을 진하게 녹여냈다.

나율은 종종 혜정에게 마음을 담아 편지를 썼다. 하지만 혜정은 누구에게 편지를 받아도 읽는 둥 마는 둥 하다가 십중팔구는 귀찮은 듯이 내게 줘버렸다. 그것도 편지를 준 사람 면전에서. 그런 순간에는 누구라도 속이 상할 수밖에 없다. "혜정 언니가 읽지도 않을 편지를 열심히 쓴다는 것에는 무슨 의미가 있을까. 읽히지 않은 편지에 담긴 마음은 어떻게 되는 걸까." 언젠가 나율이 지나가듯 이렇게 중얼거렸다. 이 마음을 나도 안다. 답장을 받기는커녕 읽어주지도 않는 편지를 정성껏 보낼 때 마음에 차오르는 쓸쓸함과 서운함. 혜정은 내게 사랑을 달라거나 편지를 달라고 하지 않았다. 그저 내가 주고 싶어서 주는 것이다. 하지만 이런 마음이 영영 일방향이라면 이 관계는 무엇일까. 나는 혜정에게 어떤 존재일까. 우리는 어떤 사이일까. 혜정과 진지하게 관계를 맺는 사람이라면 예외 없이 마주하게 되는 질문이다.

《원의 마을》은 정확히 이 얘기를 담고 있다. '원'은 '나'와 함께 있다가도 갑자기 아무 예고 없이 '원의 마을'로 훌쩍 떠나버린다. '나'의 마음이 아무리 쓸쓸해도 '원'은 아랑곳없이 떠나고 예고 없이 돌아온다. '나'는 함께 있어도 외로워지는 마음을 어떻게 해야 할지 고민한다. 이 정답 없는 질문에 대한 나율의 답은 이 책의 크라우드 펀딩 페이지의 한 줄 카피에 적혀 있다. "떠나도 반드시 돌아올 거라는 믿음".

혜정과의 시간이 소복소복 쌓이는 동안, 나율은 어느 순간 깨달은 것 같다. 우리가 혜정에게 읽히지 않는 편지를 보내는 만큼이나 혜정도 우리에게 읽히지 않는 편지를 보내고 있다는 것을. 예기치 않은 순간 어느새 돌아와 웃으며 "나율아"라고 이름을 부를 때, 다른 사람을 시켜 아침 댓바람부터 나율에게 전화를 걸어 어제 먹은 커피와 그제 먹은 커피를 자랑하며 별빛이 쏟아지듯 까르르 웃을 때, 아름다운 몸짓으로 노래를 부르고 춤을 출 때, 혜정은 우리에게 편지를 쓰고 있는지도 모른다. 우리가 모르는 글자로 쓰인 혜정의 편지가 무슨 내용인지 우리는 알지 못하지만, 단한 가지 분명한 사실은 혜정의 세계 안에 나율의 자리가 있다는 것이다. 그렇기에 나율은 이제 더 이상 혜정에게 편지를 쓰며 쓸쓸해하지 않는다.

나율의 친구이자 시인인 윤리는 나율과 함께 우리 집 저녁식사에 초대된 것으로 우리 자매와의 인연을 시작했다. 낯가림이 심한 윤리가 우리와 급격히 가까워진 공감대는 '책임감'이었다. 집안에서 동생들을 건사해온 장녀로서 윤리는 내가 혜정에게 갖는 고민을 직관적으로 이해하고 공감했다. 나율이 오지 못하는 시간에 혜정의 활동지원을 흔쾌히 맡아주며 집안 구석구석을 깨끗하게 만들어놓던 윤리는 그 시간 속에 흩어진 단어들을 모아 어느 날 우리에게 〈권하는 법〉이라는 아름다운 시 한 편을 선물해주었다. (윤리의 허락을 얻어 이 글의 마지막에 시 전문을 싣는다.) 나는 그 시를 냉장고에 붙여놓고 마음에 힘이 없을 때마다 읽으며 다시 기운을 낸다.

나율이 개인적인 사정으로 활동지원을 그만두게 되었을 때, 바다가 마침 다니던 직장을 막 그만둔 석류 얘기를 꺼내며 석류에게 활동지원을 제안해보자는 아이디어를 냈다. 석류는 그전에는 대학병원에서 작업치료사로 일하고 있었다. 단순히 신체 기능을 회복시키는 것을 넘어 특정한 행위가 삶에 의미를 갖는 하나의 '작업'으로서 완성될 수 있도록 돕는 작업치료의 가치를 굉장히 소중하게 생각하는 모습이 인상적이었다. 혜정의 탈시설 직후 우리 집에 놀러와 함께 밥을 먹으며 일 얘기를 할 때도 작업치료 현장의 환경이 작업치료 본연의 가치를 전혀 살리지 못한 채 무미건조한 부분적 의료행위로만 소모되는 현실을 무척 속상해하고 있었는데, 결국 직장을 그만둔 모양이었다. 석류는 바다를 통해 전해들은 혜정의 활동지원사 제안을 흔쾌히 수락했고, 역대 4인의 호카게 가운데 가장 활동지원사 교본에 나오는 것 같은 반듯한 활동지원을 지금까지 이어가고 있다.

　　석류와 나를 중심으로 짜인 현재의 혜정 돌봄 체계에 틈새가 생길 때면 나는 우리가 다 같이 모여 있는 온라인 채팅방에 SOS를 친다. 그러면 어김없이 누군가 나타나 기어코 빈자리를 채워준다. 이 채팅방의 이름은 '돌봄, 생존, 커피, 질투와 뒷방 늙은이'다. '돌봄'과 '생존'은 그렇다 치고 '질투'와 '뒷방 늙은이'라는 표현은 이상하게 들릴지도 모르지만, 여기에는 맥락이 있다. 소위 '최애' 친구가 자주 바뀌는 혜정에게, 나를 뺀 모두가 한 번씩은 혜정의 '최애'였기 때문이다. 과거의 '최애'가 현재의 '최애'를 볼 때 느끼는 감정을 질투 말고 다른 어떤 단어로 표현할 수 있으랴. 어차피 너도 곧 '구 최애'가 될 거라는 우리의 질투에, '현 최애' 친구는 농담 삼아 "저는 절대 여러분처럼 뒷방 늙은이가 되지 않을 거예요"라고 응수했다. 신선한 충격에 나는 이 말을 아예 채팅방 이름에 넣어버렸다. 물론 그 친구 역시 이제 기나긴 장혜정의 '구 최애' 목록의 일부다. 그 어떤 최애도 혜정의 '뒷방 늙은이'가 되는 것을 피할 수 없다. 마치 우리 모두가 마침내는 늙고 쇠약해질 운명을 피할 수 없듯이.

◆

정말로 당신의 해방과 나의 해방이 연결되어 있다면

돌이켜보면 어떻게 이렇게 좋은 사람들을 만날 수 있었는지, 참 운이 좋았다는 생각이 든다. 7년 전, 처음 혜정의 손을 잡고 시설을 빠져나와 새로운 일상을 마주했을 때는 사람들에게 도움을 요청하는 것이 너무 어려웠다. 상황을 어떻게 설명해야 할지도 막막했고 무엇보다 거절당하는 것이 무서웠다. 시혜와 동정을 구걸하지 않으면서 어떻게 동등한 인간으로 도움을 요청하고 받아들여질 수 있을까.

고민하던 내게 용기를 주었던 말은 출근길 지하철 시위로 한국사회를 흔들어놓은 '전장연', 전국장애인차별철폐연대와 노들야학의 슬로건이었다. "만약 당신이 나를 도우러 여기 왔다면 그건 시간 낭비다. 그러나 당신의 해방이 나의 해방과 연결되어 있기 때문에 여기 왔다면 함께 일해보자." 이 말은 1994년, 그러니까 내가 일곱 살이었을 때 정복자들의 폭정에 맞서 봉기했던 멕시코의 치아파스 원주민 사파티스타 민족해방군의 말이라고 한다. 치아파스 원주민들이 자신의 해방과 타인의 해방을 연결했던 이 말은 30년이 지난 지금 대한민국에서 차별에 맞서 투쟁하는 장애인들의 해방과 연대자를 연결하는 언어가 되고, 장혜정이라는 한 인간의 삶과 그 주위 사람들의 삶을 수평적으로 연결하는 언어로 이어지고 있다. 나는 용기내어 혜정의 호카게들에게 이야기했다. 혜정이라는 한 사람이 우리 사회에서 타인과 마찬가지로 자유롭고 존엄하게 살아가는 일이 우리 자신의 자유롭고 존엄한 삶과 연결되어 있다고 믿는다면 우리 함께 이 생활을 만들어보자고.

이 떨리는 제안에 응답해준 네 사람은 모두 아직 20대 후반에서 30대 초반의 청년들이다. 불확실하고 불안한 세상에서 우리는 모두 우리가 깃들 자리를 찾기 위해 이리저리 흔들리며 매일을 보내고 있다. 나도 마찬가지다. 이 공고한 차별과 배제와 격리의 질서를 공존과 상호 돌봄의 세계로 바꿔보겠다는 마음 하나로 정치에 뛰어들었지만, 아직도 온 힘을 다해 계란으로 바위를 치고 있다. 실수하고 깨지고 무너진다. 우리는 취약하다. 그러나 바로 그렇기 때문에 우리는 힘껏 혜정을 돌보고 서로를 돌본다. 내 한 몸 돌보기 힘든 세상에서 서로를 돌봄으로써 우리는 우리 자신과 이 세계의 한 귀퉁이를 돌보고 있다. 혜정이 잘 살아갈 수 있는 사회는 우리 모두가 잘 살아갈 수 있는 사회다.

혜정 역시 우리를 돌본다. 혜정은 존재 그 자체로 우리 삶의 연약함을 마주하게 만든다. 연약함은 시간을 붙드는 힘이 있다. 자꾸 세상의 속도에 맞춰 내달려야 할 것 같은 마음을 혜정은 현재로 꼭 붙들어온다. 세상의 속도에 혜정을 맞추는 것이 아니라 같은 인간으로서 혜정을 존중하며 함께 살아가기 위해 애쓰다 보면, 어느새 나는 내 삶의 취약함을 마주한다. 그리고 그것이 나의 일부임을 받아들이게 된다. 내가 취약하다고 해서 나를 미워하지 않아도 되는구나. 이

것은 내가 그토록 찾아 헤맸던 안식이다. 무엇보다 혜정은 너그럽다. 혜정이 겪었던 고통의 시간이 만일 나의 것이었다면 나는 우리 가족과 이 세상을 증오하지 않을 수 있었을까. 그러나 혜정은 용서를 택했다. 혜정은 자기를 그토록 못되게 외면하고 내쳤던 세상과 사람들을 향해 여전히 웃고 춤추고 노래한다. 상처받고 화내고 짜증낼 때도 있지만 빙글빙글 춤을 추며 내일로 나아간다. 또한 혜정은 불굴의 인간이다. 무수히 좌절해도 다음 날 다시 기운차게 티오피와 커피믹스를 외친다. 그리고 마침내 손에 넣는다. 대단한 청년이다. 나는 혜정에게 삶의 태도를 배운다.

이렇게 살아가는 것이 지치거나 불안하지 않은 것은 아니다. 도무지 바뀌지 않는 듯한 세상을 마주할 때, 또다시 누군가 장애를 가진 가족을 죽이고 스스로 목숨을 끊었다는 소식처럼 너무나 구체적이고 익숙한 절망을 마주할 때면 마음이 소리 없이 무너진다. 우리가 만들어가기 시작한 이 작고 연약한 세상에 비해 바깥의 세상은 여전히 너무나 거대한 고통과 무관심으로 가득 차 있다. 그 거대함을 가리키며 결국 너희도 실패할 거라고, 너희는 그저 잠깐 운 좋은 극소수에 불과하다고, 세상을 거스르지 말고 동정과 시혜에 고마워하며 살라는 목소리가 쩌렁쩌렁 울려퍼질 때면 귀를 틀어막고 싶다. 마음에 여유가 없는 날 혜정이 짜증을 부리면 나도 짜증을 낸다.

제도가 아닌 개인적 인연으로 구조적인 돌봄의 필요를 채우는 것에는 한계가 있다. 내 눈에 혜정의 호카게들은 모두 세상으로 날아오르기 직전의 청년들이기도 하다. 나율이 혜정의 활동지원을 그만두게 되었을 때, 나는 같이 술을 마신 자리에서 울며 말했다. "너희 다 그렇게 미래로 가버릴 거잖아." 대체 가긴 어딜 가냐며 호카게들은 오히려 서운해했다. 하지만 어느 날 모두가 갑자기 우릴 두고 떠나버릴지 모른다는 내면의 불안은 근원적인 것이다. 이 사회는 항상 그래왔으니까.

다만 나는 그때마다 가만히 우리가 만들어온 세상과 그 안의 얼굴들을 바라보며 마음을 다잡는다. 나는 버티는 것이 아니라 살아가고 있다. 혜정의 해방이 우리의 해방과, 그리고 자신의 취약함을 미워하는 모든 사람들의 해방과 연결되어 있기에 우리는 함께 서로의 곁이 되어 자립하며 연립하고 있다. 나는 내 곁의 이 사람들을 신뢰한다. 그들이 우리를 떠나지 않을 것임을 신뢰하는 것이 아니라, 우리의 삶이 깊이 연결되어 있음을 신뢰한다. 신뢰에는 용기가 필요하다. 배신당할지도 모른다는 두려움을 마주할 용기가 필요하다. 상처를 각오하고 용기를 내느니 상처받지 않는 관계에 머물겠다고 다짐했던 시간도 있었지만 삶은 더 외로워지기만 했다. 좋은 삶을 살고 싶다. 내가 아는 좋은 삶은 곁에 있는 사람의 어려움을 외면하지 않는 삶이다. 타인의 외로움을 외면하기 좋게 만드는 세상에 고개를 가로젓는 삶이다. 우리는 충분히 외로웠고 이제는 연결될 차례다. 세상이 각박해질수록 우리의 세상은 더 단단히 연결되고 촘촘히 확장되어야 한다.

미래로 가고 싶다. 혜정의 언니로서 그리고 이 세상의 다른 수많은 혜정들과 함께 살아가는 한 인간으로서 모두 함께 미래로 가고 싶어, 나는 혜정과 당신의 곁을 지키며 오늘을 산다.

권하는 법

김윤리

본 적 없는 이야기가 버거워

봤던 것을 또 본다

침대에서 일어나

준비운동을 하고

오늘이 가진 잠재성에 대해 생각하며

아침을 먹는 것을 본다

어린 주인공은 자신이 가지고 있는 것을 하나씩 발견해

그것들로 동생을 지키고

마을을 지키고

나와 상관없는 많은 사람과 동물을 지킨다 그러나

한 치 앞도 알 수 없었다

눈을 감고

나이 먹은 내가 활짝 웃는 모습을 떠올려도

소용없다

영상물을 끄고

얼었던 땅이 녹으면 지반이 약해져

낙석과 산사태

축대붕괴에 유의해야한다는

3월의 신문기사를 읽다가

불쑥 건네받는다

다 마셔버린 캔커피

거기엔 매일 아침 여덟 시에 일어나

다른 집으로 이동하는 생활이 담겨 있다

나무가 많은 도로를 지나기 전

잊지 않고 마트에 들러야 해

새송이버섯과 즉석밥을 사서

잠들어 있는 사람들을 깨우러 간다

기름을 두르고

버섯과 밥을 한 데 넣어 볶고 있으면

가방 속 물건들과

다 마셔버린 캔커피를 뒤섞는 소리가 나곤 했다

혼자일 땐 들어본 적도 없는 샴페인 슈퍼노바를

엉터리로 흥얼거리고

술만 마시면

어떻게 살고 싶냐고 묻던 친구의 질문이

어떻게 함께 살아가야 할까로 바뀌는 걸 보면서

숲이 나무를 돌볼 뿐 아니라

나무가 모여 숲을 이룬다는 걸 알게 됐다

방울토마토는 줄기나 잎보다 열매가 훨씬 크게 열려서

꼭 지지대를 해줘야 한다

빨갛고 단단한 방울토마토가 열리기 위해서

꼭 필요한 일이다

취약함과 다시
관계 맺는 삶

◆

조기현

돌봄청년 커뮤니티 'n인분'의 대표. 인지가 저하되는
중인 아버지와 함께한다. 스무 살 때 아버지가
몸이 아프기 시작하면서 처음으로 이전과는 '다른'
관계를 맺었고, 6년간 요양병원에서 지내다 퇴원한
아버지와 함께 살아가며 '또. 다른' 관계를 맺어가고
있다. 아버지와 아들에서 환자와 보호자로, 환자와
보호자에서 시민과 시민으로 살아왔고 살아가고
있다.

◆

위험을 감수하고 살아볼 용기

현관문 앞에 섰다. 집에 들어가기 전에 잠시 숨을 고르며 생각한다. 아니, 집에 오는 길 내내 되뇌었다. '오늘은 절대 짜증내거나 화내지 말자.' 아버지와 다시 지내게 되면서 나도 모르게 다그치는 일이 잦아졌다. 잘 지내리라 다짐했는데 마음처럼 되지 않았다. 예상치 못한 일들을 마주했을 때 다짐은 무너진다. 아버지와 나는 '다시' 같이 관계 맺고 있는 중이다.

*

아버지는 요양병원에서 6년을 살았다. 병원이 거주 공간도 아닌데 마치 거주 공간처럼 지냈다. 말하자

면 '사회적 입원'이었다. 치료가 필요해서 한 입원이
아니라, 돌볼 사람이 없어서 하는 입원이었다. 아버지
의 인지 저하* 때문이었다.

　아버지의 인지 저하가 시작된 건 처음 쓰러지고
7년쯤 되던 때였다. 쓰러진 이후 아버지의 몸은 약해
졌다. 원래 미장노동자였던 아버지는 퇴원 후 미장
일을 구하려고 아등바등했지만, 몸이 약해진 아버지
에게 일감을 주는 인력소장은 없었다. 아버지는 그
렇게 실직했다. 집에서 텔레비전을 보며 술을 마시
는 게 아버지의 일상의 전부가 됐다. 일을 못 하니 만
나는 사람도 없었다. 사회적으로 고립됐고, 고립은
다시 건강을 악화시켰다. 당뇨 합병증, 급성 신부전,
알코올성 치매, 화상, 심장질환 등을 이유로 큰 병원
들을 들락거렸다.

　아버지에게 세상과 유일하게 연결된 끈은 나 하
나뿐이었다. 병원에서는 그런 나를 '보호자'라고 불렀

---

*　여기서 '인지 저하'는 '치매'를 말한다. 하지만 치매라는 용어는 '어리석을 치痴'
와 '어리석을 매呆'로 이루어져 있어 부정적인 의미를 담고 있다. 이런 부정적
인 의미를 전환하고자 일본은 2004년 치매의 명칭을 '인지증'으로 바꾸었다.
한국도 2024년 4월 23일, 치매라는 단어를 '인지저하증'으로 바꾸는 법이 발
의됐다. 이 글에서는 아직 합의되지 않는 병명을 사용하기 위해서라기보다
는, 삶에서 마주한 상황 그 자체에 초점을 맞춰 '인지 저하'라는 표현을 쓰고자
한다.

고, 일상에서는 '효자'라는 말을 심심찮게 들었다. 그 때마다 나는 자주 이런 생각을 되뇌었다. '나도 할 만큼 했다' '이제 도망가서 내 삶 시작하자'. 그러면서도 아프고 고립돼서 약해져가는 아버지의 모습을 보며 차마 도망가지 못했다.

아버지 곁에 있던 시간 속에 지극한 효심 따위는 없었다. 그저 약해져가는 한 사람 곁에서 내가 할 수 있는 것과 할 수 없는 것을 고민하며 견딘 시간이었다.

하지만 아버지의 인지 저하가 시작되니, 나 혼자서는 견딜 수 없다는 생각이 밀려들었다. 길을 잃는 아버지를 찾아다니고, 같은 말을 몇 시간씩 반복하는 아버지 앞에서 절망감을 느꼈다. 새벽마다 인력소장에게 연락이 왔으니 일을 나가겠다며 짐을 싸서 문밖을 나서려는 아버지와 실랑이를 벌이느라 잠을 자지 못했다. 두 사람이 먹고살 돈이 없는데, 돈을 벌려면 집 밖에 나가야 하는데, 집 밖에 나가면 혼자 남은 아버지가 무슨 일을 벌일지 모르는데, 아버지를 감시하려면 돈을 못 버는데, 돈을 못 벌면 먹고살 수가 없는데……. 가난과 돌봄의 굴레에 갇혀 허둥대기만 했다.

장기요양서비스*라도 받고 싶었다. 집에 요양보호사가 온다면 그나마 살 만하지 않을까? 서비스를 신청하려면 진단서가 필요했지만 우리에게는 정밀한 검사를 받을 돈이 없었다. 문답 형식으로 진행되는 간이검사로 진단이 내려지길 기도했다. 하지만 아버지는 병원과 보건소, 치매안심센터에 가서 간이검사를 받을 때면 문제를 기어코 다 맞춰버렸다. 결국 어떤 곳에서도 진단서를 받지 못했다. 진단서 한 장이 없어서 내가 겪는 고통을 증명할 길이 없었다.

열심히 문제를 푼 아버지가 야속했다. 동시에 아버지의 삶의 의지를 본 것 같아서 마음이 쓰렸다. 아버지는 인지가 저하돼도 여전히 무언가 하고 싶어 하는 사람이었다. '쓸모' 있는 사람으로 살길 바랐다. 나도 그 의지를 잘 지지해주고 싶었다. 하지만 이 세상에는 조금의 지지도 없었다. 인지가 저하된 사람이 마음 편히 머물 수 있는 곳도 없었고, 할 수 있는 활동도 마땅치 않았다.

---

* 고령이나 질병 등의 사유로 일상생활을 혼자 수행하기 어려운 노인에게 신체 활동이나 가사활동 지원 등을 제공하는 서비스. 이를 위해 노인장기요양보험이 운영되고 있으며, 돌봄 필요에 따라 등급을 받은 후에 장기요양서비스를 이용할 수 있다.

나 혼자 모든 걸 감당하는 사이, 아버지는 큰 화상을 입었다. 내가 집을 나간 사이 혼자 라면을 끓였고, 그 라면을 발등에 쏟았다. 아버지는 그 사실을 잊었다. 발등의 살점들이 떨어지는 게 보기 흉했는지 양말로 덮어버렸다. 나는 그걸 뒤늦게야 발견했다. 양말을 벗기고 뻘겋게 익은 아버지의 발등을 보며 생각했다. '정말 나 혼자서는 안 되겠구나.' 그렇게 택한 요양병원행이었다.

내가 강제로 내린 결정이었다. 원치 않는 아버지를 회유해서 병원에 끌고 갔다. 아버지를 입원시킨 후, 밀려드는 죄책감과 어쩔 수 없는 현실 사이를 조율하느라 마음이 뻐근했다. 아버지는 병실 사람들과 싸우고, 화해하고, 텔레비전을 보며 웃고 떠들었다. 병실 사람들은 내가 면회를 가면 "아들 왔다!" 하고 알려줬고, 아버지는 지나가는 간호사에게 웃으며 인사를 건넸다. 그 모습을 보면서 나는 죄책감을 조금씩 내려놓았다. 고립보다는 좋은 것 아니냐며 스스로에게 면죄부를 줬다.

"퇴원하면 생각해봐야지."

하지만 아버지는 늘 퇴원을 기다렸다. 가고 싶은 곳이나 먹고 싶은 음식, 심지어 필요한 물건을 물을 때도 그렇게 답했다. 마치 오지 않는 '고도'를 기다리는 부조리극의 주인공 같았다. 퇴원을 기다리며 당장의 욕구를 유예하고 있는 것일까, 아니면 병원 생활에 적응해서 욕구조차 갖지 못하는 것일까. 어느 쪽이든 간에 아버지가 병원 안에서 온전히 자기 자신으로 살아가지 못한다는 증거였다. 병원 밖에서도 병원 안에서처럼 작은 상호작용들을 할 수 없을까?

그러다 코로나19 팬데믹이 닥쳤다. 아버지는 요양병원에서 코호트 격리를 겪었다. 병실에서 2년을 갇혀 있던 아버지는 급격하게 노쇠해졌다. 더는 안 되겠다 싶었다. 지금이 아니면 '다시' 살아볼 기회가 없을지도 모를 일이었다.

아버지와 살아갈 준비를 해나갔다. 집 안과 밖을 살피며 혹여나 벌어질 사고들을 상상하고 또 상상하며 대비책을 궁리했다. 지난 경험에 파묻혀서 안 되는 것만 생각하지 말기. 가능한 것들을 구체적으로 생각하고 시도해보기. 화상을 입지 않도록 가스레인지를 아예 치웠다. 대신 전자레인지로 조리가 가능한 용기들을 샀다. 아버지가 미끄러져서 다치지 않도록 미끄럼 방지 패드를 여기저기 깔았고, 약을 먹은 것을 잊고 또 먹는 일을 방지할 수 있는 약통을 샀다. 치매

안심센터에 가서 치매등록을 했다. 만약 아버지가 집 밖에서 길을 잃는다면 치매등록번호로 경찰이 금방 찾아줄 터였다. 치매 진단서를 들고 건강보험공단에서 장기요양서비스를 신청했다.

아버지가 요양병원에서 지내는 동안 무엇이 바뀌었을까? 가장 많이 바뀐 건 나의 태도였다. 처음 아버지의 인지 저하를 마주했을 때는 '이제는 할 수 없게 된 것들'에 집중했다. 늘 다니던 길을 찾지 못하는 아버지, 다치고도 다친 사실을 잊는 아버지, 식사를 제대로 챙겨먹지 못하는 아버지만이 머릿속을 가득 채웠다. 같이 살 이유보다 같이 살지 못할 이유가 더 많이 보였다.

'치매 증상'이라는 장막이 아버지와 나 사이에 놓여 있었다. 그 장막은 아버지의 고유한 욕구를 흐릿하게 보이게 했다. 아버지가 '여전히' 할 수 있는 건 무엇일까? 아버지와 떨어져 지내는 6년 동안 장막을 걷는 데 큰 도움이 된 질문이었다. 아버지는 길을 찾지 못했지만 산책을 하고 싶어 했다. 밥을 차리지 못했지만 배고플 때 무언가 챙겨먹으려고 했다. 옆에서 찬찬히 순서를 알려주면 약을 챙겨먹는 일도, 목욕을 하는 일도, 같이 짐을 옮기거나 빨래를 널거나 간단한 음식

재료를 손질하는 일도 할 수 있었다.

할 수 없다는 결과보다 할 수 있다는 의지에 방점을 찍었다. 여기서부터 다시 관계를 맺어가자. 삶을 쌓아가자. 일상을 보완하자. 마음속에서 무언가 서서히 달궈지는 것 같았다. 어느 정도는 위험을 감수하고 살아볼 수 있겠다는 용기였다.

퇴원을 하던 날, 아버지는 이미 예정된 일이었다는 듯 평온했다. 병실 사람들, 간호사들과 마지막 인사를 나눴다. 친밀함과 반가움이 한껏 배어나오는 풍경이었다. 집으로 가는 길에도 아버지는 조용했다. 평소 요양병원에서 일반병원으로 외래진료를 갈 때는 어디 가냐는 질문을 수백 번은 던지던 아버지였는데, 집에 가는 길만큼은 다 안다는 듯 아무 말이 없었다.

애써 병원에서 나왔는데 다시 고립되지는 말아야 했다. 병원에 있는 것만 못한 일상이 되지 않기를 바랐다. 이것저것 연결될 수 있는 지역 자원들을 찾아보았다. 주간보호센터, 치매안심센터, 노인복지관을 찾아갔다. 하지만 그런 곳들이 있다고 다 참여할 수 있는 건 아니었다. 아버지가 그곳들을 거부했다.

치매안심센터나 노인복지관에서 하는 인지 프로그램에 참여하면 아버지는 문제도 잘 풀고 색칠도 곧잘 했다. 하지만 프로그램을 마치고 집에 오는 내내 불같이 화를 냈다. 유치원생 취급받았다는 게 이유였다. 주간보호센터라도 가면 아버지는 80대 노년들과 같은 취급을 받는 걸 억울해했다. 아무것도 못하는 사람 취급을 한다는 것이었다. 아버지의 나이는 아직 60대 중반이었다.

막막했다. 세상에 이런 것들밖에 없어서 이런 곳에 데려왔지만, 사실 내가 인지 저하가 된 상태여도 안 할 것 같은 프로그램들이었다. 아버지가 자존심이 센 사람이라고 한탄하면서도, 마음 한편으로는 아버지가 화내며 하는 말들이 다 맞는 말이라서 고개를 끄덕이게 됐다.

"아야, 10만 원만 줘라. 교통카드 충전하게."

아버지는 자신이 아무것도 못하는 취급을 받았다고 느끼면 꼭 이 말을 했다. 10만 원으로 교통카드를 충전해서 일을 구하러 서울을 돌아보겠다는 말이었다. 온전히 자기 자신으로 존재할 수 있는 장소를 찾아 떠나겠다는 말처럼 들렸다.

병원에서 '치매 환자'로만 규정되고 관리되며 아버지는 자기 자신으로 존재할 수 없었다. 하지만 병원 밖에서도 마찬가지였다. 결국 아버지는 종일 집에만 머물렀다. 인지가 저하돼도 사람들과 어울리며 활동적인 삶을 살 수 있는 방법은 없는 걸까?

◆

돌봄의 앎과 실천 사이

오늘은 또 어떤 일이 벌어져 있을까? 일과를 마치고 저녁에 집에 갈 때마다 두려웠다. 아버지는 어느 날은 가위로 욕실 발판을 자르는가 하면, 어느 날은 생수 뚜껑을 다 열어두었다. 며칠 치 간식을 사두면 하루 만에 종적을 감췄고, 방문 뒤에 음식물을 놓아 썩은내가 날 때야 발견했다. 이런 일들을 마주할 때마다 마음속으로 되뇌었다. 화내지 말자. 화를 내면 아버지는 의기소침해지고 나는 비참함에 짓눌린다. 한 번 낸 화는 그저 내지르고 없어지는 게 아니라, 한나절은 방 안에 고여 있는 것만 같았다. 현관문을 열고 집으로 들어간다.

"아버지, 나 왔어요."

"어이, 왔냐."

아버지는 늘상 그렇듯이 텔레비전을 보고 있다.

아버지가 보는 채널은 저 먼 과거 어디쯤에 가 있다. 옛날 드라마를 틀어주는 케이블 채널에 늘 고정이다. 〈전원일기〉, 〈야인시대〉, 〈이산〉, 〈대장금〉, 〈태조 왕건〉, 〈장보고〉 등등. 아버지가 머물 수 있는 과거들을 보존해주는 고마운 채널이다. 그나마 가장 최신 프로그램이 〈나는 자연인이다〉이다. 가끔 9시 뉴스를 틀기도 한다.

나는 하루 종일 집에만 있었을 아버지에게 오늘 무엇을 했는지 묻지 않는다. 그건 대화를 단절하겠다는 것과 다름없는 질문이다. 대신 아버지가 보는 프로그램 속에서 대화거리를 찾는다.

"아, 저…… 뭐더라. (기억나지 않는 척) 〈야인시대〉에서 김두한이랑 싸워서 진 두목 이름 뭐였죠? 아, 궁금한데 기억이 안 나네. 아버지가 좀 알려줄 수 있어요?"

인물의 인상착의를 묻는 몇 마디가 오가다가 아버지는 알았다는 듯이 고개를 끄덕인다.

"아, 그 사람 '구마적'이잖어."

이런 대화를 '역할놀이'라고 불러도 좋겠다. 나는 모르는 역할, 아버지는 알려주는 역할. 이런 관계 설정으로부터 대화를 시작한다. 드라마 속 인물들의 관계는 어떤지, 텔레비전 속 옛 연예인은 요즘 뭘 하고 살고 있을지, '자연인'이 나와서 하는 요리는 맛이 어떨지 궁금해하며 묻는다. 아버지의 관심사 속에 대화거리는 풍부하다. 대화의 목적이 '사실'을 확인하는 게 아니라 서로의 '감응'을 위한 것이라면 말이다.

이때 중요한 건 말투다. 나는 부탁하거나 청유하는 말로 대화를 열고 이어간다. "이거 해, 저거 해", "이거 뭐예요? 말해 봐요" 같은 무조건 따르라는 식의 말투를 쓰지 않았다. 이런 말투로는 아무리 톤이 부드럽다고 해도 아버지는 자신이 수동적인 존재로 규정됐다고 느낄 터였다. 청유의 말투는 당신을 함부로 규정하지 않겠다는 존중의 표현이다.

나는 오랫동안 다그치는 말투를 썼다. 걱정과 염려가 서려 있었지만, 늘 내 뜻대로 하려는 의도가 컸다. 하지만 말투를 바꾸니 청유를 들어줄 때까지 내가 아버지를 기다려야 했다. 그 기다림은 우리의 대화 속에서 아버지가 머물 수 있는 자리를 의미했고, 내 뜻대로 되지 않는 상황을 인정하는 계기가 되기도 했다. 그와 내가 주고받는 말투에서부터 그의 성원권을 보장할 수 있음을 이제야 알게 된 셈이다.

감응을 위한 대화가 어려운 이유 중 하나는 인지 저하를 받아들이지 못하는 마음이다. 가까운 이의 기억이 사라진다는 사실을 처음 알게 됐을 때는 그의 기억을 붙잡고 싶어진다. 나를 몰라보고 당신의 이름을 모르는 모습에 무력해지고, 무력함에 저항하듯이 질문을 쏟아낸다. 대개 당신의 이름은 무엇이고 자식들 이름은 어떻게 되는지, 고향은 어디인지, 생일은 언제인지 같은 질문들이다. 말하자면 기억력 테스트인데, 맞추지 못하면 질문한 사람은 실망하고 답하지 못하는 당사자는 자책한다. 반복되는 기억력 테스트는 당사자에게 무능감을 선사할 뿐이다. 결국 질문 앞에서 입을 다물고 화를 내게 된다. 그 화는 공격보다 자기 보호에 가깝다.

기억이 사라진다는 사실을 인정하고, 지금 상태에서부터 새로운 소통 방식을 찾아야 한다. 참고할 만한 흥미로운 소통 방식은 내가 《새파란 돌봄》에서 소개한 적 있는, 30대 남성이 할머니와 한 역할놀이의 경우다. 그는 인지가 저하된, 거동이 힘든 할머니를 돌봤다. 하루 종일 침대에 머무는 할머니를 위해 좋아하는 트로트 노래나 〈전국노래자랑〉 녹화 방송을 틀어줬다. 그래도 할머니는 생의 의지가 바닥날 때마다 이렇게 말했다.

"죽어야지."

그 말에 남성은 곧바로 '선역'으로 분했다. 할머니가 가장 원하는 자기 자신의 모습이 무엇이었는지 떠올렸다. 힌트는 인지가 저하되기 전 할머니와 나눴던 대화 속에 있다. 할머니는 평소 자신이 살뜰한 성품이라는 데 자부심이 있었다. 그래서 그는 할머니에게 "고맙다"는 말과 함께 칭찬을 했다. (할머니가 하지 않았지만) 설거지나 청소를 해주어서 고맙다고, 참 깨끗하고 살뜰하다고 강조한다. 할머니의 '자기다움'을 회복하기 위한 역할놀이인 셈이다.

그렇게 할머니의 기분이 풀릴 때도 있지만, 풀리지 않을 때는 '악역'으로 분했다. 다짜고짜 할머니를 개천에 내다 버리겠다고 위악을 부렸다. 개천에 내다 버려지는 상황도 할머니와의 옛 대화 속에서 힌트를 얻은 것이다. 할머니가 어릴 적 경험했던 두려운 상황이었다. 내다 버려질 두려움에 바닥났던 할머니의 생의 의지가 펄떡인다. 못돼 먹은 손자를 혼내기 위해서다. 그러다가 할머니는 곧잘 혼내는 언어를 놓쳐버린다. 그러면 그는 자신을 혼낼 수 있는 말을 다시 쥐어준다.

"'실례'라고 말하고 싶은 거죠?"

그럼 할머니는 그 언어를 쥐고 다시 혼을 낸다.

한바탕 혼이 나다 보면, 할머니의 일상 속에 생의 활력이 솟아 있다. 다시 밥을 먹고 트로트를 따라 부르고 〈전국노래자랑〉에 집중한다. 감응이 마음에 주는 여파가 얼마나 큰지 그는 알고 있다. 그가 할머니의 생애라는 무대 위에서 역할놀이를 하는 이유다.

*

욕실 발판이 검붉은 색으로 물들어 있었다. 아버지의 목욕을 도우려고 욕실에 가던 중에야 눈에 띄었다. 검붉은 무언가는 굳어 있는 피딱지였다. 피가 아니길 바라며 가까이 다가갔는데 피가 맞다는 걸 확인하는 순간, 화가 치밀었다. 오늘은 화내지 말자고 몇 번을 다짐했는데, 놀란 마음이 화를 점화시켰다.

피의 진원지를 수색했다. 아버지에게 어디서 피가 난 거냐고 다그치듯 물었다. 아버지는 인상을 쓰며 짜증으로 맞받아쳤다. 몸은 움츠리고 있었다. 나는 목소리를 깔았다. 내 지시에 가만히 따라달라는 압박이었다. 아버지의 발부터 확인했다. 발바닥에서 피가 새어나오고 있었다. 겨울을 지내며 발에 각질이 일었고, 아버지는 텔레비전을 보며 손톱으로 각질을 뜯었다.

각질을 뜯으려다가 굳은살까지 뜯어진 모양이었다. 발바닥은 구덩이가 파인 듯 상처가 나 있었다.

　한동안 틈틈이 전화해서 상처를 뜯지 말라고 당부했다. 하지만 아버지는 내 눈치를 살피며 몰래 뜯었다. 그러다 더 깊은 상처가 나고 염증이 생기고 발이 퉁퉁 부어서 병원을 다녔다. 같은 행동을 반복하는 아버지가 원망스러웠지만, 한편으로는 별 수 없다는 마음이었다. 아버지의 일상 속에는 각질 뜯는 것 말고 딱히 할 일이 없었다. 뜯을 각질이라도 있어서 다행이라는 생각이 들 정도로 추운 겨울에는 더더욱. 이렇게 생각하다 보면 마음이 누그러졌지만, 나는 늘 아버지가 만들어놓은 예상치 못한 결과에 놀라서 어쩔 줄 몰랐다. 단순히 화를 내지 말자고 마음먹는 것만으로는 부족했다. 내가 화를 내는 패턴을 살펴야 했다.

　우선, 결과보다 아버지의 '의도'를 먼저 봐야 했다. 결과에 집중해서 화를 더 키울 때가 많았다. 아버지도 인지가 저하되고 싶어서 저하된 것이 아닌데, 벌어진 일의 결과만 보고 추궁하는 것은 부당한 처사였다. 아버지는 자신이 하고자 했던 의도와 만들어놓은 결과 사이에서 자꾸 미끄러졌다. 그 사이에서 함께 관계 맺는 일이 필요했다. 아버지가 미끄러진 지점을 유심히 보는 것이 곧 의도를 먼저 파악하는 일이었다.

예를 들면 음식물 쓰레기가 방문 뒤에 놓여 있을 때, 아버지의 의도를 생각하려고 '노력'했다. '아, 음식물 쓰레기 버리려고 했구나. 그런데 어디에 버리는지 잊었구나.' 아버지가 생수병 여러 개를 다 따놓았을 때는, '목이 말랐구나.' 욕실 발판을 잘랐을 때는, '어딘가 모양이 맞지 않는다고 여기고 잘랐구나.'

하지만 나도 잘 안다. 아는 만큼 다 행해지지 않는다는 것을. 그저 노력할 뿐이다. 앎과 실천의 괴리는 자주 나를 자괴감에 빠지게 했다. 머리로는 아는데, 왜 몸과 마음은 따르지 않을까. 돌봄의 앎과 실천 사이는 왜 계속 벌어질까?

◆

나의 취약함과도 잘 관계 맺으려면

내 경험상 앎과 실천 사이는 마음의 에너지가 없을 때 벌어졌다. 마음의 에너지가 없으면 아버지의 인지 저하로 벌어진 결과에만 집중하게 되고, 그 결과를 수습해야 하는 노동이 버겁기만 하다. 마음 상태를 수치화할 수는 없겠지만, 나는 마음의 전체 에너지의 30퍼센트 정도는 돌봄의 몫으로 남겨야 한다고 스스로를 다잡는다.

집에 들어갔을 때 혹여나 벌어져 있는 일들을 의연하게 받아들일 수 있는 마음, 아버지와 대화하며 기다릴 수 있는 마음, 돌보며 살아가는 미래를 두려워하지 않을 수 있는 마음. 내가 소진되면 한번에 꺼져버리는 마음들이었다. 일과 돌봄을 병행하느라 마음이 소진될라치면, 스스로에게 이렇게 말했다. '30퍼센트면 충분해.' 이 말이 나를 살렸고, 아버지를 살렸다.

하루 일정을 소화하는 사이사이 잘 쉬어주면서 마음의 에너지를 아끼려고 하지만, 그게 전부는 아니다. 마음의 에너지는 물질이 아니어서 내가 원하는 만큼 잘 분배되지 않는다. 휴식도 중요하지만, 휴식으로 마음의 에너지가 다 채워지는 것도 아니다. 아무것도 하지 않고 쉬어도 마음의 에너지가 충전되지 않을 때도 많았다.

자기돌봄이 중요한 이유가 여기에 있다. 자기돌봄은 나 자신의 취약함에 응답하는 행위다. 내가 휘청거리는 순간, 내가 먼저 나에게 손을 내밀어야 마음의 에너지가 쉽게 방전되지 않는다. 나의 취약함을 잘 감싸고 받아들이는 법을 알아야 한다. 마음의 에너지를 아끼거나 휴식을 취하는 건 그 자체가 목적이 아니라, 취약함에 응답할 수 있는 체력을 기르는 과정이지 않을까 싶다. 나의 취약함을 이해하려고 하는 것이 자기 돌봄의 출발이다.

나는 내가 정한 룰이나 선이 깨지는 상황을 두려워했다. 아버지를 돌볼 때뿐 아니라, 일을 할 때나 사람들과 관계 맺을 때도 마찬가지였다. 내가 정한 룰이나 선이 깨질 때면 마음의 에너지가 초고속으로 방전됐다. 사소하게는, 물건을 잃어버리면 잃어버린 나를 용납하지 못했다. 통제되지 않는 상황에 내가 종속된 것만 같고, 내 자율성이 침해된 것 같은 기분이 드는 탓이다. 이런 나의 취약함과 어떻게 관계 맺어야 할까? 부정할 필요도 없고, 긍정할 필요도 없다. 그저 인식하고 인정하기만 하면 된다. '나'라는 타인을 인정할 때 비로소 나 자신과의 관계가 생긴다. 그 관계 속에서 내가 한 행동들을 다시 바라볼 수 있다.

이전에는 아버지에게 화를 내면 나 자신을 혼내기에 여념이 없었다. 화를 참지 못한 나 자신을 자책했다. 하지만 나의 취약함을 인정한 순간부터는 조금씩 달라졌다. 나를 먼저 다독인 후, 아버지에게 사과한다. 다음에 더 잘할 수 있으리라 우리를 지지한다.

지금까지 나는 내가 '못해낸 것'에 열중했다. 하지만 이제부터 내가 하나씩 '해나가고 있는 것'에 더 열중하겠다. 어쩌다 한 번 화를 낸 것보다 화를 내지 않은 여러 날을 더 곱씹겠다. 이렇게 곱씹다 보면 어느새 의연한 마음이 자라나 있다.

'어떤 일이든 일어날 수 있지. 그게 삶이지.'

나의 취약함과 잘 관계 맺을 때 타인의 취약함과도 잘 관계 맺을 수 있다. 자신을 잘 돌봐야 타인도 잘 돌본다. 자기돌봄이야말로 더 나은 모든 것의 시작일지 모른다. 그러니 무언가 더 나아지기를 바란다면, 우리는 자신부터 돌봐야 한다. 내가 돌봄의 시간 속에서 익힌 가장 투명한 진실이다.

◆

고립되지 않는 시민적 돌봄

자기돌봄이 필요하다고 인정하면, '내가 다 해야 한다'는 강박에서 벗어날 수 있지 않을까? 많은 이들이 돌봄 상황에서 '나밖에 없어'라는 마음을 품게 된다. 위험한 일이다. 독박 돌봄을 촉진하는 마음이기에 그렇다. 돌봄에 대한 책임감을 혼자 짊어지는 이유는 다양하다. 돌봄받는 사람과의 애착 때문일 수도 있고, 다른 사람 손에 맡기는 데 죄책감이 들기 때문일 수도 있으며, 몇몇 요양기관에서 노인을 학대한다는 소식이 못 미더워 혼자서 다 하는 경우일 수도 있다. 혹은 나만 희생하면 다른 가족 구성원들이 평화롭게 생활할 수 있다고 생각하기 때문일 수도 있다.

그럼에도 독박 돌봄은 그 자체로 폭력이다. 돌보는 사람, 돌봄받는 사람 모두에게 그렇다. 혼자 돌보는 사람이 지치면 돌봄받는 사람의 삶도 덩달아 위태로워진다. 그러므로 주변에 독박 돌봄을 자처하는 사람이 있다면, 우리는 그 폭력을 방관하지 말고 이렇게 말할 수 있어야 한다.

"너 혼자서 다 맡으면 안 돼. 무조건 같이 해야 돼. 어려워도 나누려고 서로 노력해야 돼."

그래야 돌보는 사람도 과도한 역할을 짊어지지 않고, 돌봄받는 사람도 한 사람에게 삶이 종속되지 않는다. 돌보는 사람과 돌봄받는 사람이 일 대 일의 관계에 고립되면 돌봄과 아픔은 비극이 될 가능성이 높아진다. 간병살인이나 간병자살 사건은 그런 일 대 일의 관계만 남았을 때 벌어지는 극단적인 비극이다.

와상인 할머니를 혼자 돌보는 할아버지가 있었다. 할아버지는 힘들다고 말하면서도 자식들이 할머니에게 손도 대지 못하게 했다. 자신이 모든 돌봄을 다 도맡아서 할 작정이었다. 자식들은 두 사람의 관계에 쉽사리 개입하지 못했다. 문제는 할머니가 그 상황을 원하지 않았다는 점이다. 할머니는 자식들에게 "괴롭다"는 말을 자주 했지만, 할아버지는 자신의 희생에도 불구하고 부정적으로 말하는 할머니의 말에 귀 기울이지 않았다. 이런 경우 돌봄은 타인의 취약함에 반응하는 행위라기보다 자기애에 가까운 행위일지 모른다. '돌보는 나'에게만 빠져서 타인의 요구나 필요에 전혀 반응하지 못하니까 말이다.

'나밖에 없어'에서 '내가 아니어도 괜찮아'로 마음이 변하려면 무엇이 필요할까? 사회가 돌봄 서비스를 충분히 보장하는 것도 중요하지만, 돌보는 사람의 내적인 힘도 필요하다. 내적인 힘을 위해서는 돌봄 관계에 심리적 거리감을 두어야 한다. 심리적 거리감은 아픈 사람을 두고 나만 잘 살겠다는 이기심이 아니다. 소진되지 않고 돌봄을 지속할 수 있게 하는 핵심이다. 심리적 거리감 없이 돌봄받는 사람과 나를 동일시하면 '나'의 고유성을 잃어버리게 된다. 내가 가족 돌봄 청년 인터뷰집 《새파란 돌봄》을 쓰며 만났던, 유년기부터 조현병을 가진 어머니를 돌본 한 여성은 30대 후반이 돼서야 터득한 심리적 거리감에 대해 이렇게 말했다.

제가 의식적으로 가족한테 거리감을 만들었던 거 같아요. 너무 개입하면 제가 같이 무너지더라고요. 거리를 두고 내가 서 있어야 돌볼 수도 있잖아요. 적당히 거리를 두고 있어야 부모님이 일을 벌여도 나도 웃으면서 넘길 수도 있고요. 마지막 순간에는 늘 저를 위한 선택들을 했던 거 같아요. 부모님을 안 놓으려고요. 끝까지 놓지 않고 붙들고 있으려고요. 그러기 위해서 꼭 마지막에는 제 중심적으로 선택하며 살았어요. 너무 가까워서 서로 죽일 정도의 시간도 보내고, 좀 떨어져서 걱정돼서 죽을 거 같은 시간도 겪어보니, 현실적으로 조율하게 되는 거죠.

내게도 그런 심리적 거리감을 만든 말이 있다. '시민'이라는 말이었다. 나는 《아빠의 아빠가 됐다》에서 선언하듯 이렇게 썼다.

아버지와 나는 부모와 자식이 아니라 시민과 시민으로 관계 맺으려 한다. 내가 아버지를 돌보는 가장 큰 이유는 아버지가 사회적이고 신체적인 약자이기 때문이다. 아버지와 내가 가족이라는 사실을 증명하는 '가족 관계 증명서'가 있듯이, 아버지와 나의 돌봄 기간을 증명하는 '시민 관계 증명서'가 있어도 좋겠다는 생각이 들었다.

'시민 관계 증명서'는 아버지가 알코올 의존증과 인지 장애증 환자이기 이전에 한 사회의 성원이라는 점을 알려주고, 내 돌봄이 비가시적인 소모가 아니라 사회적 의미를 갖는 행위라고 인정한다. 아버지와 내 관계가 부모와 자식일 뿐 아니라 유동적이고 다양하게 연결되는 사회적 관계라는 사실을 증명한다. 가족이라고 말해지기 전에 우리는 하나의 사회라고 선언한다. 나는 효자가 아니라 시민이다.

아버지와 아들이기보다 시민과 시민이길 바랐고, 가족이나 가구이기 이전에 각자의 욕망을 가진 개인이고 싶었다. 함께 생을 살아내는 동료라고 한다면 더할 나위 없이 좋겠다. 내 이야기를 들은 어느 중년 여성은 이렇게 말하기도 있다.

"저는 시어머니를 돌봐야 했는데 정말 가기 싫었어요. 가족들끼리 돌아가면서 하는데, 제 차례가 올 때마다 '자원활동' 간다고 생각하자 했거든요? 그러니까 거부감이 사라지더라고요. 시어머니라기보다는 약해진 한 사람을 돌보는 것처럼 느껴지니까 자발적인 마음이 생긴다고 할까요? 자원활동이다, 생각하면 마음이 편해요."

중요한 성찰이지만, 그가 며느리라는 위치에 있기에 돌봄 역할이 여성에게 편중되는 걸 정당화하는 말처럼 들릴 위험이 있다. 돌봄이 여성들에게만 내맡겨진 상황을 비판적으로 보되, 돌봄 경험 속에서 길어 올린 성찰은 모두에게 공유돼야 한다. 여성뿐 아니라 남성도 돌봄을 수행할 때 참조해야 하는 성찰이기 때문이다. 나는 그가 시어머니라는 관계를 넘어 노년의 한 사람을 보게 된, 거리감을 만드는 언어에 주목했다. 가족적 언어가 아니라 시민적 언어로 관계 맺을 때, 가족 안의 권력관계를 벗어나 타인의 취약함을 그 자체로 마주할 수 있게 된다. 시민적 언어가 심리적 거리감을 만들고 누군가를 존재 자체로 존중하는 마음이 생기게 한다.

《새벽 세 시의 몸들》의 저자 전희경은 '시민적 돌

봄'을 제안했다. '시민'이라고 할 때 우리가 떠올리는 상은 추상적이고 독립적인 개인이다. 하지만 우리는 '몸'을 가진 존재이기에 추상적이지도 않고 독립적일 수도 없다. 몸의 존재인 우리들은 구체적이고 의존적이다. 바로 이 필연적인 생의 조건을 가시화해야 한다. 몸이 없는 듯한 추상적이고 독립적인 시민의 상을 반성하고, 몸으로 얽힌 우리의 돌봄 관계에서부터 다시 시민의 상을 재정립해야 한다.

새로운 언어의 힘은 우리의 일상을 바꾼다. 시민적 언어로 지금 우리의 돌봄 관계를 돌아볼 때, 독박 돌봄이 아닌 자유롭고 평등한 관계의 돌봄을 상상할 수 있다. 우리는 서로를 '가족이기에, 불쌍하기에, 친밀하기에'가 아니라 '시민이기에' 돌봐야 한다.

◆

더 많이 연결되기

아버지도 나에게 갇히지 않고, 나도 아버지에게 갇히지 않아야 했다. 돌봄받는 사람이건, 돌보는 사람이건 모두가 더 많은 관계와 연결되어야 했다. 우선

82

집에 요양보호사가 오는 서비스인 방문요양을 신청했다. 아버지는 요양등급 5등급이었기에, 하루 3시간씩 월 21일 방문요양 서비스를 이용할 수 있었다. 하지만 면담을 할 때 아버지는 온몸으로 거부했다.

"나는 돌봄 필요 없어요. 내가 다 할 수 있는데 왜 돌봄을 받아요!"

아버지는 돌봄을 받는 것이 수치스러운 일이라고 생각하는 듯했다. 집에 와서 일상생활을 지원해주는 것이라고 설득해도 소용없었다. 자신이 '쓸모' 없는 사람이라고 증명될 것 같다는 불안감이 전해졌다. 아버지의 이런 마음에 불을 지핀 사건이 있었다.

처음 방문요양을 신청했을 때, 방문요양기관의 센터장과 요양보호사가 함께 집에 들렀다. 센터장은 아버지에게 시종일관 어린아이를 대하는 듯한 말투를 썼다. 존중을 가장한 하대였다. 아버지의 귀는 잘 들리는데 꼭 귀가 안 들리는 사람처럼 소리를 질렀다. 아버지가 바로 앞에 있는데도 나에게 속상이듯 이렇게 말했다.

"젊은데 치매라서 불쌍하네요."

그 말은 아버지의 귀에 쏙쏙 들어가고 있었다. 사람 앞에 두고 그만 말하라며 여러 차례 제지를 했지만 소용없었다. 그는 아프거나 늙은 사람들을 온몸으로 타자화하고 있었다. 웃으며 잘해주겠다는 그의 얼굴이 무서웠다. 아, 이 사람에게는 다 돈벌이 수단으로 보이는구나. 개인의 상태나 고유함은 안중에도 없고 다 찍어낸 듯이 대하는구나.

그 면담 이후 아버지는 일주일 동안 입을 다물었다. 모멸감에 휘감긴 것 같은 일주일이었다. 기억은 떠오르지 않아도 감정은 오래 남는다. 나는 일을 하러 나갈 때마다 혹여나 아버지가 자살하는 건 아닐지 걱정스러웠다. 결국 센터에 전화를 걸어 정식으로 사과를 요청했고 어설픈 사과를 받았지만, 그는 내 항의가 억울한 듯했다.

"나도 말년에 좋은 일 하면서 살려고 이 일 하는 거예요. 조카 같아서 챙겨주려고 한 건데 이러면 정말 섭섭하네요."

방문요양기관이 제일 차리기 쉬워서 난립으로 차려진다는데, 스쳐지나갔던 단신 뉴스가 단박에 이해되는 것 같았다. 아버지를 돌보면서 이런 사람들에게 효자라는 둥, 아들이나 조카 같다는 둥, 가족적 언어를 들을 때마다 어딘가에 갇힌 기분이 들었다. 이제 나도 30대 중반에 가까워졌는데 여전히 이런 말을 듣는다고 생각하니 어딘가에 다시 서비스를 신청하는 것도 망설여졌다. 다른 곳에 서비스를 신청해도 최소한의 존중이 있는지 없는지 알 수 없으므로, 차라리 '소비자'의 태도를 취하는 게 나와 아버지를 보호하는 길처럼 보였다. 요양기관이 함께 돌봄을 고민하는 동료이길 바랐는데 말이다.

나는 검색을 통해 나름 지역사회 활동도 하고, 방문요양 경험을 연구로 풀어내기도 하는 방문요양기관을 찾아냈다. 그곳의 센터장과 요양보호사가 처음으로 방문했을 때, 나와 아버지에게 시혜적 언어나 가족적 언어를 쓰지 못하게 하려고 방어적인 태도로 매섭게 지켜봤다. 아버지는 여전히 돌봄받기를 거부했다. 이튿날, 요양보호사님이 왔을 때 아버지는 아예 구석에 숨어 팔짱을 끼고 나오지 않았다.

"어르신, 제가 음식 해드리고, 같이 산책도 해드리고…… 좋은 것 많이 해드릴게요."

하지만 아버지는 꿈쩍하지 않았다. 요양보호사님은 못 하겠다는 말과 함께 집을 나갔다. 아버지는 계속 요양보호사를 부르는 나를 나무랐다. 센터에서는 다른 요양보호사를 연결해주었다. 남편이 초로기 치매가 있는 사람이라 아버지에 대한 이해가 높을 것이라고 했다. 그 요양보호사님은 처음 집에 와서는 아버지를 바라보기만 했다. 아버지는 어서 자신의 집에서 나가라는 듯이 버티고 서 있었다. 그때 요양보호사님이 말했다.

"아버님, 저 계속 일해야 먹고사는데, 이 집에 출근하게 해주세요! 일하게 해주실 거지요?"

그 말에 아버지는 가만히 있었다. 하지만 나가라고 버티는 모습이 아니었다. 천천히 마음을 열고 있는 듯했다.

"그럼 자주 와요. 천천히 와도 되니까."

아버지가 방문요양을 허락하는 순간이었다. 내 집에 누군가 찾아오는 것이 내가 '쓸모' 없어졌다는 사실을 증명하는 것만 같았는데, 그게 아니라 그 누군가의 먹고살 권리를 보장하는 일이라니. 아버지의 인식이 전환되는 걸 실시간으로 보게 되었다. 의존하는 사람이 되기보다는 여전히 세상에 기여하고픈 아버지의 마음을 요양보호사님은 단박에 알아챘다. 그의 말 한마디에 아버지의 존재를 인정받은 것 같았다.

요양보호사를 비롯한 돌봄노동자의 일터에 대해 다시 생각한다. 집, 요양원, 병원 등 일하는 곳은 각자 다르지만, 돌봄노동자의 최후의 일터는 '관계'이지 않을까. 그들은 관계라는 일터에서 취약해진 우리의 권리를 보장한다. 관계라는 일터에서 필요한 전문성은 바로 그 사람의 고유성을 읽어내고 응답하는 마음이다. 단박에 아버지의 마음을 알아챈 요양보호사님의 관계의 기술에서 돌봄의 전문성을 봤다. 그가 해주는 밥을 먹고 그와 함께 산책하는 것이 이제 아버지의 일상이 됐다.

　나는 요양보호사님뿐 아니라 동생에게도 도움을 요청했다. 아버지가 처음 쓰러진 후로 13년 만에 하는 부탁이었다. 오랫동안 떨어져 살았기에 그간 도움을 청할 생각을 하지 않았고, 나 스스로도 '나밖에 없어'라고 생각하기만 했다. 진로를 고민하는 동생은 최근 노인복지를 공부하고 있었다. 나는 동생에게 현장 실습이라고 생각하며 와줄 수 있냐고, 소액이지만 다달이 돈을 주겠다고 제안했다. 동생은 처음에는 주저했다. 자신이 잘못해서 아버지에게 무슨 일이라도 나면 자기 탓이 될까 싶어서였다. 나는 같이 해나가는 것이기에 일방적인 책임을 물을 일은 없다고 강조했다. 동생은 일주일 중 사흘, 저녁 시간을 맡기로 응했다.

　아버지와 다시 만나는 건 동생에게도 큰 계기였다. 거의 죽었다고 생각하며 살았던 아버지를 몇 년

만에 만나는 일이었기 때문이다. 어느 날은 계속 신경질을 부리는 아버지에게 신경질로 맞받아쳤다가 밤새 죄책감이 밀려와 잠을 못 잤다고 했다. 하루 종일 일하고 기운이 없는 채로 아버지를 마주했는데 모든 것에 비협조적이면 억장이 무너진다고 했다.

그런 마음에 귀 기울이기 위해 내가 가장 멀리한 태도는 '알아서 잘 하겠지'였다. 서로 번갈아가면서 아버지를 맡기 때문에 동생이 어떤 마음인지 나는 잘 모른다. 그러니 먼저 안부를 물어야 한다.

"요즘 아버지랑 같이 있는 거 어때? 괜찮아? 힘든 점 있으면 말해줘."

마음을 살피는 것도 중요하지만, 동생의 노고를 인정하는 것도 중요하다. 동생이 아버지를 맡고 몇 주가 지난 후에야 깨달은 게 있다. 내가 동생에게 한 번도 "고마워"나 "고생했어"라는 말을 하지 않았다는 사실이다. 우리는 '아버지의 자식'이 아니라 돌봄을 함께 나누는 동료다. 그럼에도 내 마음 깊은 곳에서는 '자식이니까 해야지'라는 식으로 동생의 돌봄을 당연하게 여겼을지도 모른다. 나는 동생과 자주 티타임을 가지기로 했다. 지난날 내가 겪었던 것과 같은 어려움을 토로하는 동생의 이야기를 평가나 판단 없이 경청하기 위해서였다. 나는 '돌봄 꼰대'가 되지 않기 위해 노력하는 중이다.

동생도 서서히 자신만의 패턴을 찾아갔다. 카드게임이나 보드 게임에 능한 동생은 아버지에게 게임을 가르쳐주며 인지 훈련을 했다. 사실 말이 훈련이지, 노는 것에 가까웠다. 동생은 돌봄을 놀이로 승화시켰다. 동생과 아버지가 이를 다 드러내며 웃는 모습을 보면서 생각했다. 어쩌면 잘 논다는 건 타인에게 잘 감응하는 것이기에, 잘 노는 사람이 돌봄도 잘할 수 있지 않을까.

나, 요양보호사, 동생까지 세 명이서 돌아가면서 아버지를 돌보다 보니 아버지의 관계나 일상도 이전보다 풍성해졌다. 나와 아버지가 서로에게 갇혀 있을 때, 내가 모르는 아버지의 모습이란 건 존재하지 않았다. 하지만 다양한 사람을 만나니 내가 모르는 아버지의 모습이 생겼고, 내 인식을 벗어나는 아버지의 모습을 마주하는 기쁨도 생겼다.

그래도 여전히 '주 보호자'는 나였다. 아버지가 여러 돌봄을 받듯이, 나도 여러 돌봄이 필요했다. 아버지가 나한테 종속되지 않듯이, 나도 아버지에게 종속되고 싶지 않았다. 내가 나를 돌보기 위해 자조모임을 만들었다. 아픈 가족을 돌보는 청년들이 한데 모였다. 오프라인 모임과 온라인 모임을 번갈아 했다. 모임 주기는 길었다. 구성원들끼리 시간을 맞추기 어려웠기 때문이다. 일하랴, 공부하랴, 돌봄하랴, 시간을 쪼개고 쪼개서 만나야 했다. 정기적인 모임 시간을 정해두기보다는 가능한 많은 사람이 참석할 수 있는 날을 투표로 정했다. 그래도 당일이 되면 오지 못하는 경우가 많다. 그럼 다른 날을 잡으면 그만이다.

자조모임에서는 돌봄 상황에 어떻게 대처해야 하는지 이야기하기도 하고, 요양기관이나 병원을 고를 때 유념해야 할 사항을 나누기도 한다. 돌봄 문제로 친척이나 간병인과 갈등이 생겼을 때 어떻게 해야 할지, 우리에게 필요한 것은 무엇인지에 대해서도 이야기한다. 똑 부러지는 해답을 찾을 수는 없다. 다만 이런 이야기를 나눌 수 있고, 나의 이야기를 이해하는 존재가 있다는 게 큰 위안이 된다.

하지만 돌봄 경험이 다 같을 수는 없다. 각자 경험을 소화하고 해석하는 방향도 다르다. 오히려 자조모임은 돌봄이라는 넓은 세계에서 서로의 차이를 확인하는 과정일지도 모른다. '아, 저렇게도 생각할 수 있겠구나' '내가 저건 미처 생각하지 못했네' 같은 말들을 연신 하게 되는 이유다. 그렇게 차이 속에서 새로운 길을 발견해나갈 때, 돌보며 살아갈 힘이 생긴다.

만약 자조모임을 원한다면 스스로 만들어보는 것도 좋다. 온라인 카페나 SNS, 카카오톡 오픈채팅방을 이용해 사람을 모을 수 있다. 오프라인 모임이 부담스럽다면 온라인 모임도 괜찮다. 첫 만남에 자기소개와 함께 각자의 일상, 돌봄 근황을 나누는 것만으로도 충분하다. 사람이 잘 모이지 않더라도 좌절할 필요 없다. 꾸준히 시도하자. 사람이 모이면 혼자서 모든 것을 기획하려고 하지 말고, 우리가 어떤 이야기를 해보면 좋을지 아이디어를 함께 모으면 된다. 만약 자조모임의 일원이라면 리더에게 과도한 역할이 주어진 건 아닌지 살펴보자. 자신이 할 수 있는 역할을 적극적으로 알려주는 방법도 있다. 이렇게 협력하다 보면 자조모임을 지속할 수 있는 연료가 비축된다. 바로 '신뢰'라는 연료다.

자조모임이라고 언제나 좋은 일만 있는 건 아니다. 스스로 움츠러들어 있을 때, 우리는 가시를 바짝 세우기도 하고 발톱을 드러내며 타인을 할퀴기도 한다. 취약함이 한데 모이면 연대가 될 수 있지만, 적대가 되기도 쉽다. 이때 중요한 건 '그라운드 룰'이다. 무엇보다 '충·조·평·판', 그러니까 충고, 조언, 평가, 판단을 하지 않는 게 핵심이다. 이런 그라운드 룰은 모임을 시작할 때마다 공지하는 것이 좋다. 자조모임은 모두가 있는 그대로 자신을 드러낼 수 있는 안전한 곳이 돼야 하기에 그렇다.

*

"아버지가 혼자 사시는데 치매가 시작됐어요. 빨리 요양원 가시면 사고도 안 나고, 밥도 잘 챙겨먹고 좋을 텐데…… 계속 거부하셔서 속이 타들어가요. 어떻게 설득해야 하죠?"

얼마 전 강의 도중에 받은 질문이다. 질문을 한 중년 여성의 얼굴에는 근심이 가득했다. 모두가 행복하고 좋은 결말이 있는데, 아버지를 설득하지 못해서 결말이 나지 않는다고 느끼는 듯했다. 나는 물었다.

"혹시 아버지의 증상이 얼마나 진행되었나요?"

그의 아버지는 아직 치매 초기여서 조금의 지원이 있으면 일상생활이 가능한 정도라고 했다. 혼자 반찬을 꺼내서 먹거나, 양말이나 속옷을 손으로 빨 수 있었다. 하지만 그에게는 아버지가 이제 '무엇을 하지 못하는지'가 더 많이 보이는 듯했다. 아직 아버지의 '치매 증상'들이 소화되지 않는 듯했고 어떻게 관계 맺어야 할지도 모르는 듯했다.

요양원이라는 결말이 꼭 나쁜 건 아니다. 하지만 우리가 어떻게 타인과 관계 맺고 타인의 일상을 보존해야 하는지 고민하지 않게 만든다면 나쁘다. 우리가 인지 저하된 당사자와 조금 더 친숙해질 기회를 빼앗기 때문이다.

'정상적' 인지를 상정하고 누군가를 거기에 미달한 존재로 만들지 말자고, 조금 인지가 저하되어도 괜찮다고, 스스로 삶의 의지가 있고 그의 곁에서 취약함과 관계 맺는 방법을 찾을 의지가 있다면 된다고, 여전히 무엇을 할 수 있는지 살펴보자고. 그날 나는 가능한 세계에 대해 말했다. 내가 겪었고, 누군가도 겪고 있을 돌봄의 세계에 대해서.

각자 몫의
눈물단지를
채울 수 있도록

◆

고선규

임상심리학 박사. '자살'이라는 죽음 뒤에 남겨진 이가
갑작스럽게 떠나야만 하는 애도 원정에 함께하는
세르파이자, 당신보다 먼저 험한 고통의 시간을
건너가 지금은 꽤 괜찮은 삶을 살아가고 있는 이가
있다고 희망을 증언해주는 목격자. 하지만 내게
닥친 아버지의 죽음 앞에 우왕좌왕했던, 스스로의
애도 과정에도 간절히 세르파가 필요했던 사별자.
애도하는 일에는 서로가 필요하다고 믿는다.

애도 상담가의 사별

2022년 12월 22일, 아버지가 돌아가셨다. 상담 전문가로서 애도 상담을 해왔지만 이렇게 가까운 관계의 죽음은 처음이다.

'가깝다'라는 것은 다분히 법적인 측면에서 그렇다는 것이고, 심리적으로 말하자면 아버지와 나는 전혀 가깝지 않았다. 평생을 가지고 갈 만한 충격적이거나 부정적인 사건이 있었던 것은 아니다. 평생 아버지와 나눈 대화의 양(주거나 받거니 어떤 주제로 이야기를 나눈 것)을 따져본다면 대략 두어 시간 남짓 될 것 같다. 성인이 되기 전까지는 언제나 집을 떠나고 싶었고, 집을 떠난 후에는 떠난 집에 관심을 두고 싶지 않았다. 그리고 원하는 대로 됐다. 대단한 요구를 하지도 받지도 않는 겉보기에 '쿨한' 관계, 심리적·물리적 독립을 한 관계가 된 것이다.

팬데믹이 끝나갈 무렵 뒤늦게 코로나 확진 판정을 받으신 아버지가 격리 중이라는 얘기를 전해 들었다. 언제나 아픈 것이 노년의 업이라 생각했기에 대단한 걱정을 하지는 않았다. 70대가 되면서 부모님의 모든 생활의 중심에는 병원 검사와 진료 예약 일정이 들어찼다. 비슷한 고민을 하는 내 또래의 선후배들은 '골골 100년'이라며 병원을 자주 다닐수록 건강하다는 빈약한 논리로 잔잔한 질환을 앓는 부모의 병시중을 기꺼이 감내했다. 엄마는 늘 최악을 가정해 호소하는 사람이었기 때문에 엄마가 전하는 아빠의 상태를 대략 반은 꺾어 믿었다. 그렇게 이틀 지났을까. 갑자기 코로나 중환자실로 들어간 아버지는 열흘 남짓한 시간 동안 두세 번 희망과 절망을 주고 돌아가셨다.

병원의 배려로 마지막으로 아버지의 얼굴을 볼 수 있는 기회에 가족들이 모두 모였다. 중환자실 앞에서 소독을 하고, 과연 감염 예방에 도움이 될까 싶은 얇고 헐거운 가운과 모자를 단정치 못하게 썼다. 각자의 방식대로 엉망으로 둘러쓴 모자가 웃겨 그 와중에 피식 웃음이 났다.

중환자실 스테이션에는 업무에 열중한 의료진이 앉아 있었고 우리 가족은 어디에 어떻게 서 있어야 할지 몰라 어정쩡하게 서서 우왕좌왕했다. 주치의의 안내에 따라 모니터 화면으로 아버지의 얼굴을 보고 있을 때, 내 눈에 동료와 수다를 떠는 의료진의 앞머리에 대롱대롱 매달린 분홍색 대왕 헤어롤이 걸려들었다. 옆에서는 음료수를 야무지게 쪽쪽 빨아먹는 소리가 확성기를 갖다 댄 듯 귀에 꽂혔다.

같이 울기를, 공감 어린 눈빛으로 있어 주기를 바란 것은 아니었다. 다만, 적어도 '당신들의 슬픔은 저희와 아무 상관이 없답니다'라고 말하는 듯한 느낌을 주면 안 되는 것 아닌가 생각했다. 물론 헤어롤 매달기, 음료수 먹기 같은 행위가 타인의 고통에 공감하지 못하는 의료인의 무신경함을 증명하는 것은 아니다. 하지만 가까운 사람이 죽어가는 모습을 실시간으로 지켜봐야 하는 마음, 물리적으로 이제 완전히 볼 수 없게 되는 관계의 종결을 겪는 나는 한껏 예민해져 있어 괜히 화가 치밀었다. 비록 같은 공간에 있었지만 곧 돌아가실 아버지를 보며 눈물을 훔치고 있는 우리 가족이 처한 맥락은 중환자실에서 의료진이 '일'하는 상황의 맥락과 달랐다.

그때, "일상에서 분리되어 완전히 다른 시공간으로 추락한 것 같다"던 내담자의 말을 이해할 수 있었다. 겪고 있는 사람과 겪지 않는 사람 사이에 있는 거대한 벽. 나중에 시간이 흘러 깨달았다. 이 벽은 같은 경험을 한 사람들 사이에서도 세워질 수 있다는 것을. 예기치 못한 죽음을 받아들여야 하는 사별자가 나만 빼고 모두 괜찮은 듯 아무렇지 않게 돌아가는 세상에 분노를 표출하는 마음을 그제야 온몸으로, 조금이나마 이해했다. 누구도 탓할 수 없는 죽음 앞에서조차 분노는 일어날 수 있다.

◆

갑작스러운 죽음과 머리 사냥꾼의 분노

동생을 갑작스럽게 자살로 잃은 내담자가 쓴 '비통함과 머리 사냥꾼의 분노'에 대한 글을 읽은 적 있다. 필리핀 북부에 살고 있는 일롱고트Illongot 부족은 가족 중 누군가 죽으면 길을 지나다니는 다른 사람의 머리를 베어버린다고 한다. 서양의 인류학자들은 이 문화를 거창한 이유를 들어 설명하려 했지만 정작 부족 사람들은 "비통하기 때문에 사냥을 나간다"는 단순한 대답을 했다. 원시 부족의 문화를 신비하게 포장하려 했던 서양의 인류학자들은 실망했고 그 답의 의미를 이해하지 못했다. 미국 인류학자 레나토 로살도Renato Rosaldo가 '머리 사냥을 하러 나갈 만큼의 비통함'이라는 단순한 설명을 깨닫게 된 것은 갑작스러운 사고로 아내를 떠나보낸 이후였다고 한다. 내담자는 이 이야기를 인용하면서 자신 역시 동생의 죽음에 기여했다고 생각하는 사람들을 떠올리며 그들의 머리를 사냥하는 상상을 했다고 말했다. 그 이후에도 '머리 사냥'에 준하는 원망과 분노의 감정을 폭발시키는 사별자들은 많았다. 거대한 수압의 물이 공급되는 호스가 사방으로 물을 뿜어대며 날뛰는 모습 같기도 하다. 여기엔 피아 구분이 없다.

존재를 압도하는 분노를 느끼고 표현하는 정도는 사별자가 겪은 죽음의 정황에 따라 차이가 있다. 하지만 가까운 사람이 죽었으면 당연히 '슬픔'에 빠져 있을 거라고 추측했다가 낯선 감정 폭발을 마주하면 당사자도 주변 사람들도 당황할 수 있다. 죽음의 실체가 조금씩 드러나고 그것을 인정할수록 폭발하는 감정은 잦아든다. 더 위험한 상황은 폭발시키지 못한 분노의 감정이 사별 당사자 내면으로 방향을 돌릴 때다.

사별자 곁에서 이들을 위로하고자 결심한 사람들이 꼭 알아두어야 할 점은 사별 당사자의 감정은 예측 불가능한 경로로 이동하는 폭풍 같다는 것이다. 곁에 다가가기조차 힘든 강렬한 감정을 내뿜을 때도 있으며 기분이 없는 것처럼 보일 때도 있다. 이는 같은 고통을 겪지 않는 주변인의 이해를 훨씬 초월한 것이며 쫓아가기도 어렵고 피상적인 위로나 공감 따위로 쉽게 변화시킬 수 없다.

애도 상담에 오는 내담자들이 특정 시기에 자신의 상태에 관해 기술하는 공통적인 표현이 있다. 사별 전과 완전히 다른 시간과 공간이 팽창과 수축을 반복하며 구토가 날 정도로 어지러운 느낌, 아무런 소리도 들리지 않고 아무것도 보이지 않는 적막한 무중력 공간에 떠 있는 것 같은 느낌 같은 것들이다. 곁에 있는 사람들이 충분한 시간을 허락하고 버티고 기다리면 어느 순간 그들은 다시 우리와 같은 시공간으로 착륙하게 되어 있지만, 아쉽게도 그 시간을 참아낼 수 있는 사람은 많지 않다.

현장에서 사별 당사자보다 먼저 지쳐 나가떨어지는 사람들을 많이 만난다. 내가 이렇게까지 이해하려고 노력하고 위로를 해줬는데 당신은 왜 아직 그대로냐며, 그 정도면 뭔가 문제가 있는 거라며 사별 당사자를 몰아붙이기도 한다. 이들은 모두 선한 의도로 사별자 주변에 있지만 때로 사별자의 온전한 애도를 방해하기도 한다. 심리학자로서 애도 상담을 하기 전까지 나 역시 그랬다. 우리는 고통 속에 있는 누군가의 곁에 있는 방법을 제대로 배운 적이 없으니까.

◆

'삼·고·명'의 돌림노래가 끝나고 난 후

아버지의 장례식장에 동생의 직장 동료와 선후배들이 줄줄이 조문을 왔다. 20대 중반, 이제 막 사회생활을 시작한 어린 청년들이 나름 예를 갖춰 옷을 차려입고 왔다. 대여섯 명이라면 서로 대충 섞여 커닝을 해가며 따라할 수 있었겠지만 이들은 단 둘뿐이다. 신발을 벗고 걸어들어올 때부터 안절부절못하는 모습이 눈에 띄었다. 꽃을 먼저 들 것이냐, 향을 먼저 피울 것이냐. 절을 해야 하나, 말아야 하나. 입구에서부터 제단이 있는 곳까지 걸어오는 동안 많은 생각을 한 듯했다. 엉거주춤하게 선 그가 질문한다. "저, 선배! 정말 죄송한데요. 이거 어떻게 하는 건지 한 번만 알려 주시면 안 될까요?"

두 번도 아니고 '한 번만' 알려달라는 간곡한 눈빛은 수행평가 실기 시험을 보는 학생 같았다. 여기서 이렇게 한 번 배우고 간 저 친구는 다른 장례식장에서 상주에게 다시 질문할 일은 없겠지. 덕분에 상주석에서 웃을 수 있었다. 내가 처음으로 가족이 아닌 지인의 장례에 조문을 간 것도 이 친구들과 비슷한 20대 중반이었다. 사람들이 우르르 몰려가는 시간에 맞춰 조문을 갔다. 여러모로 절은 불편하니 장례식장에서 만은 천주교 신자 행사를 하며 잠시 눈을 감고 기도를 했다. 20대 중반에 맞이한 타인의 죽음은 나와 상관없는 남의 집 대소사일 뿐이었다.

카카오톡 메시지 알림 숫자가 짧은 시간에 늘어난다. 200명 가까이 모여 있는 동문 단톡방에 누군가 부고를 올린 듯하다. 어떤 이의 죽음을 알리고 기억하는 글을 부고라고 하지만, 요즘 시대의 부고는 알림에 가깝다. 단톡방 안에 사별 당사자가 있기도 하고 없기도 하지만 대개 상주를 대신해 가까운 누군가가 부고를 알린다. 각종 병원과 장례식장의 온라인 부고 템플

릿은 디자인에 차이가 있지만, 무엇보다 중요한 코너는 상주들의 계좌번호가 들어 있는 '마음을 전하실 곳'이다. '조의금 보낼 곳'이 아니라 '마음을 전하실 곳'이라니! 만 원짜리 지폐가 포근하고 따뜻한 이불로 변해 유족들에게 날아가는 느낌이다.

단톡방에서의 부고는 상주와의 관계에 따라 누군가에게는 납세 고지서일 것이고, 누군가에게는 내도 좋고 안 내도 좋은 적십자 회비 같은 느낌일 것이다. 물론 어떤 관계에서는 애정 어린 위로의 마음이 드는, 그래서 내 일정을 들춰보며 발인 전 장례식에 참석하기 적당한 때를 고민하게 하는 알림이기도 하다.

부고가 올라온 순간부터 바빈스키 반사처럼 즉각적인 "삼가 고인의 명복을 빕니다" 돌림노래가 시작된다. 띄어쓰기에 따라 가로의 길이가 조금씩 달라진다는 차이가 있을 뿐 갑자기 쏟아지는 소나기처럼 "삼가 고인의 명복을 빕니다"라는 문장이 메신저 창에 후두두 박힌다. 이 노래는 보통 30분을 넘기지 않고 끝나며 그 안에 "고인의 평안을 빕니다" 같은 변주도 있다. 간혹 외국에 거주하고 있거나 다른 일로 뒤늦게 메시지를 확인한 누군가가 이미 끝난 노래를 재개하는 경우도 있는데, 그러면 타이밍을 놓쳤던 사람들 몇 명이 참여해 다시 돌림노래가 시작된다.

몇 달에 한 번씩 단톡방에서 일어나는 '삼·고·명'의 돌림노래를 보며 이 노래가 누구를 향한, 누구를 위한 것인지 생각할 때가 있다. 손가락으로 자판을 톡톡 치는 순간 고인의 삶과 죽음에 대해, 남겨진 가족들의 마음에 대해 과연 몇 초라도 생각할까 하는 의심. 심사가 배배 꼬여 있는 '진지충'이라서 그런 것인지, 부고를 올리는 것조차 힘겨운 사별자들을 많이 만나기 때문에 그런지 나도 잘 모르겠다. 그래서 아버지가 돌아가셨을 때 단톡방에 부고를 올려주겠다는 후배를 극구 말렸다. "올 사람은 오겠지. 괜찮아. 올리지 마." 아버지의 딸인 나조차 '삼가 고인의 명복을 빈다'는 것을 잘 모르겠기 때문이기도 했고, 누구인지도 모르는 사람에게 보내는 기원의 무의미함 때문이기도 했다.

사별자들은 사망 당일이나 장례 기간 혹은 사십구재까지는 뭐가 뭔지 모르는 시간을 보낸다. 아버지의 발인을 마친 날이 크리스마스 이브였다. 우리 가족은 집에 모여 겨울 방어회를 주문해 먹고 마시며 울고 웃었다. 아버지가 계셨을 때 이렇게 편안하고 자연스러웠던 적이 있었나 생각해봤지만 별다른 기억은 떠오르지 않았다. 남편 때문에 평생을 불행해했던 엄마는 홀가분해 보였고 그 홀가분함을 자식들에게 들킬까 봐 조금씩 자제하는 듯했다. 그렇게 다 잘 끝난 줄 알았지만 이제 시작이라는 것을 그때는 몰랐다. 가족 구성원의 죽음은 미루고 치워놨던 가족의 문제, 존재의 밑바닥을 낱낱이 발가벗기는 일이라는 것을.

그로부터 두어 달쯤 지났을 때 한 선배가 전화를 해줬다. "어찌 지내 선규야, 내가 요즘 갱년기인지 자꾸 아빠 생각이 나더라"로 시작하는 말에 왈칵 눈물이 났다. 그는 아주 한참 전 아버지를 떠나보냈고 나도 그 장례식에 참석했었다. 아무 생각 없이 조의를 표했고 조의금을 냈고 선배가 힘들겠다는 생각을 잠깐 했던 것 같다. 내가 아버지를 보내드렸다고 했을 때 선배는 자신의 아버지를 다시 떠올렸으리라.

겪어본 사람만이 알 수 있다는 말이 백 퍼센트 진실은 아니다. 겪었기 때문에 자기 경험에서 나온 잣대를 다른 사별자에게 들이밀 수도 있다. 이 때문에 같은 고통을 겪은 사람들끼리 벽을 만들기도 한다. 하지만 확실한 것은, 사별 당사자의 입장에서 비슷한 경험을 한 사람들의 존재는 그들이 특별히 뭔가를 하지 않아도 힘이 된다는 사실이다. 나도 비슷하게 누구를 잃었다고 말하는 사람의 존재가 드러나는 것만으로도 한동안은 버틸 수 있다. 내가 자살사별자 자조모임을 지속하는 여러 이유 중 하나다.

당신이 아끼는 사람이 누군가를 죽음으로 잃었다면 사별 이후 3개월에서 6개월이 지난 시기에 더 자주 연락해보자. 삼·고·명의 돌림노래가 끝나고 난 뒤, 그 허전함을 채워줄 안부를 묻자. 해야 했는데 못 했던, 하지 말았어야 했는데 했던 후회와 자책의 이야기를 들어주자. 어떤 존재를 잃었다는 사실을 언제 떠올리고 어떻게 느끼는지, 상대에게 일어난 변화는 무엇인지 물어보자. 만약 당신이 사별자와 비슷한 경험을 했다면 당신의 이야기를 들려주자. 그렇게 우리는 애도의 동반자가 될 수 있다.

◆

눈물단지에 채워진 눈물의 양

도서관에서 아트북을 들춰보다 손가락만한 작은 호리병 사진에 눈길이 갔다. 사진 밑에 이런 설명이

있었다. '눈물단지Lachrymatory. 눈물을 모으는 병.'

3000년 이상 지속되어 왔다는 눈물단지는 가까운 사람을 잃은 애도자들의 눈물을 단지에 채워넣음으로써 그 사람을 잃은 슬픔과 사랑, 존경을 보여줬다고 한다. 이렇게 채운 눈물단지는 죽은 이를 매장할 때 함께 넣어 묻었다. 꼭 사별이 아니더라도 가족에게 어떤 재난이 닥쳤을 때 흘리는 눈물도 눈물단지에 모았다. 가족 구성원 모두 각자의 눈물단지를 가지고 있었고 집안에 소중하게 보관하며 성스럽게 여겼다고 한다.

눈물이 흐르는 바로 그 순간 눈물단지를 눈 밑에 대고 눈물을 받는 모습을 상상하니 불경하게도 건강검진에서 하는 소변 검사의 이미지가 겹치기도 한다. 눈물과 소변 모두 인간이 배출하는 당연한 액체로, 특별한 이유가 없다면 모두 다 흘려보내야만 하는 것이다. 시료컵에 소변을 받는 이유가 내 몸 안에서 일어나는 건강하지 못한 변화를 검사하려는 것이라면, 눈물을 눈물단지에 받는 이유는 뭘까?

애도 상담에 찾아오는 어떤 내담자들은 때와 장소를 가리지 않고 터져나오는 눈물을 멈추고 싶다고 호소한다. 사별자 곁에 있는 사람들은 그들이 너무 자주 울어서 저러다 뭔가 잘못되지 않을까 걱정된다고 말하기도 한다. 자녀를 자살로 잃은 한 아버지는 남들 앞에서 우는 모습을 보이는 것을 스스로 '민폐'라고 규정했다. 눈물에 감염성 바이러스가 있는 것도 아닌데 어떤 방식으로 타인에게 폐를 끼친다는 것일까.

그분의 설명은 이랬다. 눈물을 흘리면 누군가 자신을 신경 쓰게 되는데, 자신은 평생 그런 삶을 살아오지 않았기 때문에 그렇게 비치는 것조차 싫으며 자신이 겪은 일은 도움을 받아 해결될 문제도 아니라는 것이다. 그분의 표정은 제임스 엔소르James Ensor의 그림 〈슬퍼하는 남자〉를 떠올리게 했다. 영화 〈올드보이〉에서 오대수가 갇혔던 방에 걸려 있던 그 그림. 괴상하게 말라버린 콘크리트 같은 표정을 짓는 남자.

어떤 어머니는 눈물조차 흘리지 않는 아이가 비정상적인 것 같다며 상담을 받아야 하는 게 아니냐고 묻는다. 자기 형이 죽었는데 저렇게 아무렇지 않을 수가 있는 거냐며 걱정하다가도 아이의 비정함을 원망하기도 한다. 그 어머니에게 눈물은 마땅히 보여줘야 할 고통의 증거다.

병원 대기실이나 주차장에서, 엘리베이터 안에서 서럽게 우는 사람들을 만난 적이 있다. 사람들은 흘깃

거리며 조심스럽게 우는 사람을 쳐다본다. 우리는 모두 비슷하게 짐작할 것이다. 가까운 사람 혹은 본인이 예기치 않은 중병을 진단받았거나, 앓고 있는 병이 소생 불가능하니 마음의 준비를 하라는 의사의 말을 들었을 거라고. 그런 사람을 만나면 나도 모르게 눈물이 차오른다. 그 순간 나는 그 사람에게 감응한다.

눈물은 또 다른 눈물을 부르고 함께 울어주기를 원하며 눈물 바람을 일으킨다. 운다고 달라지는 일은 아무것도 없겠지만 함께 눈물 흘리는 누군가가 있다면, 달라지지 않는 그 상황을 기어코 버텨내야 하는 사람은 최소한 외롭지 않다. 사별자가 애도의 고통 속에 눈물을 흘릴 때, 곁에 있는 사람은 그 눈물을 빨리 멈추게 해주어야 한다고 생각한다. 그 사람의 눈물이 마치 자신을 공격하는 것처럼 화가 나고 짜증이 난다면 당신의 역사 속에 충분히 소화하지 못한 고통의 잔해가 있는 것일 수도 있다. 눈물을 너무 많이 흘려 죽은 사람은 없다. 일단 충분히, 마음껏 울게 두자. 그 곁에서 손수건을 건네며 함께 눈물 흘리는 것만으로도 내가 위로하고 싶은 사람은 위로받는다.

눈물은 누구에게도 해롭지 않다. 인간의 몸에서 배출하는 물질 중 마음과 관련된 것은 오직 눈물뿐이다. 정서적인 동요 없이 눈물을 흘릴 수는 없으므로, 눈물은 자기 자신을 위해서뿐만 아니라 어떤 사람 혹은 관계를 향한 마음을 가시적으로 보여주기 위해 흘리는 것이기도 하다. 인간으로서 우리는 각자 몫의 눈물단지를 타인을 위한 눈물로 채워야 할 의무가 있다. 당신의 눈물단지는 얼마나 채워졌는가?

자살사별자 자조모임을 할 때면 눈물 바람 없이 끝난 적이 없다. 하지만 그 바람이 잦아들고 나면 혼자서는 불러일으키지 못하는 새로운 바람이 밀려온다. 그 바람은 고통 속에 있는 사별자가 숨을 쉴 수 있는 신선한 바람이다.

◆

애도의 반응은 그때도, 지금도 옳다

"저렇게 두면 저 사람도 죽을 것 같아요."

누군가를 대신해 애도 상담을 문의하는 분들이 있다. 형제를 잃은 배우자를 위해, 가족을 잃은 친구를 위해, 자녀를 잃은 부모를 대신해 남겨진 자녀가 애도 상담을 문의한다. 죽음의 방식이 폭력적이거나 예기치 못한 것, 즉 외상적 죽음Traumatic death*일수록 주변 사람들은 사별자를 예의주시하게 된다.* 혹시나 이들이 외상적 사별Traumatic bereavement**에 해당하는 애도 반응을 보이지 않을까 하는 불안과 걱정 때문이다. 이들을 자극하는 사별자의 반응은 전화를 받지 않거나, 메시지를 보내도 답이 없거나, 갑자기 SNS 계정을 닫아버린다거나, 집 밖으로 나오지 않으려 하는 등 자신을 고립시키려는 듯한 행동이다.

사별자가 괜찮아 보여도 문제다. "저런 일을 겪고도 어떻게 저렇게 아무렇지 않게 지낼 수 있지?"라고 생각하면서, 곧 터질 시한폭탄을 안고 평온함을 유지하는 사별자를 제정신이 아닌 사람으로 간주하기도 한다. 아버지를 자살로 잃은 10대 아들이 꼬박꼬박 끼니를 잘 챙겨 먹고 예능을 보며 낄낄거리는 모습에 제발 울기라도 하라고 소리를 질렀던 어머니도 상담 문

---

* 경고 없이 갑자기 발생하거나 젊은이의 죽음처럼 때 이른 경우, 폭력이나 신체 훼손이 수반되는 경우, 고인이 보호받거나 죽음을 예방할 수 있었던 것으로 간주되는 경우, 죽음에 이르는 과정에서 뚜렷하게 고통받았다고 사별자가 믿는 경우, 고인의 죽음이 불공정하고 부당하다고 생각하는 경우, 그 죽음은 외상적 죽음이라고 할 수 있다.

** 외상적 죽음 이후 사별자는 외상Trauma 반응과 상실에 대한 애도Grief 반응을 포함한 외상적 사별을 경험할 수 있다. 외상적 사별을 촉진할 가능성이 높은 사망 원인으로는 사고, 살인, 자살, 자연재해, 전쟁 등이 있다.

의를 한다. "선생님, 저는 상관없는데 우리 애는 잘 살아야 하잖아요."

　　사별자를 대신해 상담 문의를 하는 경우, 미성년 자가 아니고서야 사별 당사자를 상담실에서 직접 만날 확률은 그리 높지 않다. 더욱이 당사자가 애도 상담을 받을 의지와 동기가 없는 경우 확률은 더 낮아진다. 걱정하는 사람의 걱정을 덜어주기 위해 억지로 상담실에 오는 사별자도 가끔 있지만 그들은 다시 상담실을 찾지 않는다. 그래서 때때로 애도 상담의 대상은 당사자 곁에서 전전긍긍, 노심초사하면서 사별자를 바라보고 있는 곁에 있는 사람이 되기도 한다.

　　아버지의 장례를 마치고 얼마 후 엄마는 친정 식구들을 불러 밥을 해 먹였다. 아빠가 계실 때는 하지 못했던 일이었다. 자식 입장에서 그 모습은 마치 '남편이 없는 자유를 만끽하는' 엄마로 비쳤다. 솔직히 그때 들었던 날것 그대로의 마음을 글로 옮기지는 못하겠다. 다만 그런 모습을 보며 언니와 나눴던 대화는 "죽은 사람만 불쌍하지"로 끝맺었다. 알코올 문제와 경제적 무능으로 처절하게 가족들을 힘들게 했던 자신의 아버지가 돌아가셨을 때 나의 사촌은 엘리베이터 안에서 히죽히죽 웃으며 "나 너무 홀가분해, 눈물도 안 나"라고 속삭였다. 당시 20대였던 나는 슬픔이 아닌 다른 방식으로 죽음에 반응할 수 있다는 것을 처음 알았다.

죽음에 대한 애도 반응은 그 사람이 남겨진 사람에게 어떤 존재였는지에 따라 달라진다. 이 당연함을 우리는 자주 간과한다. 그 관계에서 일어났던 일, 주고받았던 생각과 감정은 당사자 외에는 알 수 없다. 이것은 단순히 관계가 좋았는지, 나빴는지의 문제가 아니다. 애도는 죽음에 대한 반응이기도 하지만 그 사람의 삶과 나와의 관계에 대한 반응이기도 하다.

죽음으로 인해 물리적으로 관계의 마침표는 찍혔지만, 이제 켜켜이 쌓인 먼지 깊숙이 들어 있는 관계의 이야기가 스멀스멀 올라온다. 기억은 시간 순서가 아니라 감정의 강도 순서로 떠오를 것이므로 그것이 어떤 감정이냐에 따라 애도의 반응은 달라질 수 있다. 따라서 당사자가 아닌 사람들은 사별자의 감정을 이해하기도, 따라잡기도 힘들다. 엘리베이터 안에서 홀가분하다며 웃었던 사촌도, 자유를 만끽하고 있는 듯 보였던 엄마도 긴 애도 여정 중 한순간의 애도 반응을 감정과 행동으로 보여준 것이다. 그러므로 사별자가 보여준 특정한 시점의 말과 행동이 고정불변한 것이라고 생각한다면 제대로 된 위로를 하기 어렵다. 지금은 맞고 그때는 틀린 것은 없다. 사별자의 애도 반응은 그때도, 지금도 다 옳다.

◆

남성을 위로하는 것은 더욱 어렵다

"아휴, 남자들은 그냥 몸 쓰는 걸 시켜야 해요. 텃밭 가꾸기 같은 거요."

열 명 남짓의 사별자를 대상으로 〈애도의 동반자 되기〉라는 제목의 강의를 한 적이 있다. 남성 사별자를 위로한다는 것이 특별히 더 힘든 일이고 치료자로서 이런저런 고민이 되는 지점이 있다는 나의 경험을 공유하자 노년 초입에 들어선 여성 몇 분이 입을 모아 했던 얘기다.

더 재밌었던 것은 그 얘기를 듣는 남성분도 꽤 수긍하는 눈치였다는 사실이다. 그분은 피식 웃으며 농담 반 진담 반 이렇게 말했다. "남자들은 경쟁을 붙여야 해요. 누가 누가 더 애도를 잘하나, 그런 경쟁이요." 여성 사별자분이 남자들은 말로 어쩌고 할 것 없이 몸

116

이나 써야 한다는 뉘앙스로 말씀하셨을 때 이 분위기가 자칫 성별 갈등으로 치달으면 어찌하나 살짝 위기감을 느꼈지만, 정작 남성 사별자분의 말씀은 "묻고 더블로 가" 같은 반응이었다.

이때 남성 자살사별자 모임을 진행한 경험이 있는 한 남성분이 이야기의 바통을 이어받았다. 남성 모임을 하며 가장 힘든 순간은 누군가가 "난 원래 이런 모임에 올 사람이 아니었다, 왕년에 나는 이런 사람이었다" 같은 장광설을 늘어놓으며 이야기 지분을 독점하려 할 때라는 것이다. 비록 몸은 사별자 자조모임에 앉아 있지만 온 힘을 다해 거부하면서 '나는 당신과 다르다'는 사실을 확인받고 싶은 분들.

애도 상담에 오는 내담자들 중 남성은 열 명 중 한 명이 될까 말까. 대부분 남편이 걱정스러운 아내의 손에 이끌려, 혹은 아버지가 걱정스러운 딸의 권유 때문에(지난 5년간 아들의 권유로 상담에 온 아버지는 없었다), 아들이 그의 상태가 불안한 어머니 혹은 누나가 이미 상담료를 결제했으니 꼭 가보라는 강요 때문에 억지로 상담실에 온다. 누구의 권유가 아니라 스스로 애도 상담을 받고 싶다고 한 남성은 거의 없었다. 나는 한 달에 한 번 20~30대 여성 자살사별자를 위한 자조모임 '메리골드'를 열고 있는데, 왜 여성만을 위한 자조 모임을 운영하냐고 묻는 사람들이 가끔 있었다. 특별한 이유는 없다. 여성밖에 오지 않기 때문이다. 남성이라고 해서 사별이 슬프거나 고통스럽지 않은 것은 아닐 텐데 도움을 요청하는 남성은 매우 드물다.

가족과 함께 있을 때는 애써 눈물을 삼키다가 홀로 산에 올라가 꺽꺽 울었다는 아버지, 참을 수 없을 때 화장실에 들어가 샤워기를 틀어놓고 혼자 울었다는 아들, 온 가족이 눈물 바람이라 나만큼은 중심을 잡고 있어야 할 것 같아 아무렇지 않은 척 더욱 열심히 일한다는 남편. 어떤 아내는 아들이 죽었는데도 농작물을 열심히 수확해 내다 파는 남편이 잔인하고 모질게 느껴진다고 했다. 자식을 보냈는데 그까짓 것 썩게 내버려둬도 무슨 상관이냐는 것이다.

그들에게 누구도 그런 의무를 지우지 않았는데 남성들은 남겨진 가족들을 보호하고 지켜야 한다는 압박감의 굴레를 스스로 만들고 그 속으로 들어간다. 도움을 구하지도 않고, 자신은 괜찮다고만 하니 남성의 애도는 정신건강 전문가의 관심을 받지 못했다. 남성들은 여전히 남아 있는 성 역할과 사회적 규범에 따라 슬픔에 반응하고, 감정적으로 분리된 상태에서 슬품을 회피하거나 완전히 침묵하려 한다. 대다수의 남성 사별자는 눈물을 흘리거나 애도의 고통에 빠졌을 때 찾아올 붕괴를 두려워하며 그저 바쁘게 지내기를 선택한다. 그러는 동안 충실히 애도를 겪어낸 아내와 다른 가족들은 애도의 여정에서 저만큼 멀리 가서 여전히 그 자리에 있는 남편과 아버지를 불편해한다. 그런 가족들을 보며 남성은 그들을 위해 참고 희생했다고 생각한 시간을 떠올리며 서러워한다.

3회 이상 애도 상담을 지속한 남성의 사례는 열 손가락에 꼽힐 정도라, 내가 경험한 애도는 모두 여성들의 것이며 남성의 애도 과정은 글로 배웠다고밖에 할 수 없다. 전통적인 성 역할에 고착되어 있는 남성일수록 정서적 문해력Emotional literacy은 약해진다는 연구들이 있다. 그들은 감당하기 힘든 감정일수록 더 은밀하게 처리하려고 노력하며, 그럴수록 자신의 감정을 통제하고 있다는 착각에 빠진다. 산으로 바다로, 음주로 운동으로, 과도한 업무로 도망치며 "난 괜찮아" 혹은 "난 괜찮아야만 해"를 외치며 자기 최면을 거는 남성들을 어떻게 위로할 수 있을까. 안간힘을 써 버텨도 결국 그 파도는 오고야 말 것이라는 사실을 어떻게 이해시켜야 할까.

지금까지 나와 애도 상담을 하며 3년 동안 끈질기게 상담을 지속해온 중년 남성은 단 한 명이다. 완벽주의자이자 성실한 가장이었고 감정을 자유롭게 표현하는 것에 서툴렀지만 본인은 정서를 잘 조절하고 통제하고 있다고 생각했다. "이 상황에서 내가 할 수 있는 것이 아무것도 없어요. 아무것도 이해할 수 없어요. 모든 것이 무의미합니다. 완벽히 무력합니다." 지나온 그분의 삶에서 볼 때 그것은 굴종적인 항복 선언이었지만, 실제로는 자기 상황과 감정에 대한 진실한 순종이었다. 그분은 붕괴하지도, 애도라는 고통의 방에 감금되지도 않았다.

　　눈물이 허락되지 않은 채 살아온 남성을 제대로 위로하기는 어렵다. 전문가인 나도 그렇다. 갑작스러운 죽음을 맞는 일이야말로 우리 삶의 두려운 불확실성이 가장 선명하게 폭발하는 순간인 것 같다. 이전부터 내가 알고 행하던 방식은 무용해질 수밖에 없으므로 버리고 가야 할 것들이 생긴다. 어쩔 수 없음에 대한 순종. 그것에는 용기가 필요하다.

샤이니의 방식으로 애도하기

2017년 12월, 아이돌 그룹 샤이니의 멤버 종현이 사망했다. 재능 많고 많은 이들에게 사랑받았던 종현의 죽음이 사람들에게 미친 충격은 컸고 오래 지속됐다. 지금도 우리는 자살로 사망한 사람을 공적으로 어떻게 애도하고 추모해야 하는지 잘 알지 못한다. 자살자와 주변 사람들을 모독하기도 하고, 흠결 없는 고결한 사람이라고 추앙하기도 한다. 죽음은 누구에게나 공평하게 딱 한 번뿐이며 누구도 죽음을 경험한 적이 없기에 우리는 각자 자기 방식으로 그 죽음을 해석한다. 그 해석의 과정에서 고인의 것인지 내 것인지 모를 서사가 덧입혀지곤 하는데, 자살이라는 죽음은 더욱 그러한 것 같다.

당시 종현의 팬이든 아니든 그의 죽음으로 힘들어 하는 사람들이 주변에 많았다. 상담실에 찾아온 몇몇 내담자들도 종현의 죽음에 대해 이야기했다. 우울해하거나, 그의 죽음으로 인해 우울한 자신을 어쩔 줄 몰라 했다. 대단한 팬도 아니었는데 죽음 이후 그의 마지막 행적을 추적하는 자신이 좀 이상하지 않냐고 묻기도 했다. 나도 마찬가지였다. 마지막 라디오 방송을 찾아봤고, 공개된 유서를 보고 궁금증을 가졌고, 유서 속 문장을 하나하나 곱씹어 읽어보았다. 그가 출연했던 예능 프로그램을 보면서 도대체 언제부터 그가 죽음을 생각해왔을까 생각해보기도 했다. 전문가랍시고 그의 유서를 놓고 이러쿵저러쿵 멋대로 분석하는 전문가의 영상을 보고 분노와 혐오감에 빠지기도 했다. 그의 가족도 지인도 팬도 아니었던 내가 이렇게 그의 죽음에 영향을 받고 있었다. 그리고 종현의 가족과 다른 멤버들의 안부가 걱정되었다.

종현의 사망 후 2018년 5월, 6개월 만에 샤이니는 〈데리러 가〉라는 노래로 컴백했다. 종현에 대한 기억과 추모의 마음을 담았다는 이 노래의 안무는 아름답다. 샤이니 특유의 화려하고 테크니컬한 군무가 아니라 멤버 네 명의 연결감을 강조한 스킨십이 많은 동작들, 카메라를 응시하기보다는 서로를 바라보는 시선들, 그리고 의자 위에 올라가 허공을 향하는 움직임. 나에게 이 노래의 안무는 먼저 떠난 멤버 종현을 그리워하고 그들 곁으로 다시 부르는 것처럼 느껴졌다. 실제로 팬들은 이 시기에 연속으로 나온 〈I want you〉, 〈셀 수 없는〉 등의 노래를 종현을 향한 레퀴엠으로 여기기도 한다.

이 곡으로 활동할 당시 한 멤버는 방송에서 한동안 울지 못했음을 고백했다. 어떤 멤버는 주변 사람들이 묻는 "괜찮냐"는 말들에 대한 불편함을 표현하기도 했다. 즐거워야 할 예능에서 눈물을 삼키며 잠시 분위기를 무겁게 만든 것에 대해 리더 온유는 죄송하다고 말했다. 열심히 활동하겠다며 웃고 있었지만, 슬퍼 보였고 다소 비장함도 느껴졌던 멤버들의 복잡한 표정을 기억한다. 다행히 멤버들은 각자 종현의 죽음과 관련하여 심리 상담을 받고 있다고 했고, 너무 이른 컴백이 아니냐는 사람들의 걱정에 대해서는 피하지 않고 그냥 활동을 계속하는 것을 선택했다고 했다.

그리고 시간이 흘러 2021년 다시 컴백한 샤이니의 모습은 2018년과 사뭇 달랐다. 종현의 죽음 이후로 시간이 꽤 흘렀기 때문이기도 했겠지만, 그룹에 영원히 따라붙을 그 사건과 그 사람을 어떻게 기억하고 말해야 할지 조금씩 알아간 것처럼 보였다. 모든 것이 자연스럽고 편안해 보였다. 컴백 후 음악방송 1위 소감에서 멤버 키는 그 자리에 함께 있으면 좋았을 그리운 멤버에 대해 이야기하며 "너무 보고 싶고 사랑한다"고 말했다. 한 유튜브 채널에서는 샤이니 멤버들이 샤이니를 잘 알지 못하는 어린이들과 함께 과거 활동 영상을 보며 대화를 나누기도 했다. 갑자기 멤버 한 명이 빠진 앨범 재킷 사진을 보고 어린이가 물었다.

"아, 한 명 없어요?"

"네, 한 명 없어요."

"왜요? 나갔어요?"

"어, 종현이 삼촌이라고 몸이 좀 아파서……."

"아! 그럼 나쁜 삼촌 아니네."

"응. 나쁜 삼촌 아니고 좋은 삼촌인데……."

"좋은 삼촌……."

아이유의 개인 유튜브 채널에 출연한 샤이니는 아이유의 노래 〈이름에게〉를 불렀다. 이 노래는 이름을 지녔던 세상의 모든 존재들, 이름을 가지지 못했던 모든 존재들, 이름이 잊힌 모든 존재들을 향한 노래로 알려져 있다. 노래를 부르는 샤이니와, 그들을 바라보는 아이유. 이들은 모두 소중한 동료를 자살로 잃었다. 샤이니가 부르는 〈이름에게〉는 종현을 향한 노래이기도 했지만 같은 아픔을 겪은 아이유를 향한, 소중한 이름들을 잃은 사람들을 향한, 그리고 샤이니 멤버 각자에게 전하는 위로의 노래처럼 들렸다.

지금도 여전히 지속되고 있는 샤이니의 활동은 상처와 슬픔을 안고도 행복한 삶을 이어갈 수 있음을, 내가 신나고 행복하다는 사실이 고인을 잊거나 지우는 게 아니라는 사실을 보여주는 것 같아 좋았다. 고인이 떠오를 때 그가 보고 싶다고, 이 기쁜 순간에 당신이 함께 있었으면 좋겠다고 말할 수 있는 것, 그와 함께한 기쁘고 소중한 순간들을 영원히 기억해도 괜찮다는 것을 수많은 자살사별자들에게 말해주고 있는 것 같다.

2024년은 샤이니 데뷔 16주년이었다. 한 방송에서 그들이 종현의 몫까지 멋진 우정반지를 맞췄다는 얘기를 들었다. 종현이 떠난 후 몇몇 멤버들은 다른 소속사로 이적했고, 건강 문제로 잠시 활동을 중단했다가 다시 복귀한 멤버도 있다. 이제 모든 멤버가 종현의 나이보다 많아졌고 그들은 영원한 '청년' 아티스트로 남은 멤버를 그들의 삶 속에서 그들의 방식대로 기억한다. 그렇게 영원히 빛나는 샤이니의 빛은 이어질 것이다.

애도의 동반자가 되기로 결심했다면

죽음 교육과 애도 상담 분야의 세계적인 학자인 알렌 울펠트Alan D. Wolfelt는 사별자를 이전의 정상적인 상태로 돌려놓거나 애도 과정을 서둘러 종결시키려 노력하는 것은 오히려 사별 당사자에게 해를 끼친다고 했다. 또한 조심스럽고 극진하게 그들과 이야기를 나누면서 슬픔의 친구가 될 수 있도록 안전한 공간을 지속적으로 제공해야 한다고 강조했다.

아름다운 말이지만 이런 태도를 끈질기게 유지하는 것은 쉽지 않다. 우리는 구체적이고 효율적인 방식으로 문제의 답을 찾고 해결하도록 훈련되어 있으므로 사별자도, 그 곁의 돌봄자도, 심지어 정신건강 전문가도 마치 생활가전 홈페이지에 있는 '자주 묻는 질문' 코너의 질답처럼 즉각적인 답을 찾으려 한다. 나역시 그랬다. 이론과 기법, 다양한 전략과 기술을 구사하며 사별자를 끌고 나가려 하는 시행착오를 겪었다.

내담자로부터 받았던 한 메일이 떠오른다. 대여섯 번 상담실에 찾아왔었고 마지막 예약일에 나타나지 않아 어정쩡하게 상담이 종결됐던 분이다. 상담이 끝나고 1년이 훌쩍 지나 뜬금없는 시점에 받아보게 된 그분의 이야기는 이랬다. "최대한 빠르게 죽음이 주는 슬픔과 무기력함으로부터 벗어나야 한다는 듯한 상담 목표에 공감하기 어려웠어요. 살아 있음을 응원하고 스스로에게 너그러울 수 있도록 도와주는 상담이 필요했던 것 같아요."

캐비닛 깊숙이 들어가 있던 상담 파일을 다시 꺼내 찬찬히 읽어보았다. 애도 상담을 제대로 따라오지 못한 것은 당신의 문제라고 탓하긴 쉽고, 메일은 삭제하면 그만이지만 그럴 수 없었다. 특히 스스로에게 너그러울 수 있도록 도와주길 원했다는 말이 마음 아팠다. 세상에서 가장 아픈 매로 자신을 몰아붙이고 있는데 나 역시 도움을 가장한 채찍을 휘두르며 어서 저쪽으로 가라고 종용한 느낌이 들었다. 연민을 뜻하는 영어 단어 'Compassion'은 '함께 고통을 받는다To suffer together with'는 의미다. 나는 그분의 고통에 함께 머무르지 못했다.

애도 상담에 관한 교육 워크숍을 할 때마다 소개하는 내용이 있다. 바로 애도의 여정에 동반하기로 한 우리가 어떤 태도로 죽음을, 사별자를 이해하고 맞이해야 하는가에 대한 것이다. 참고로 강의를 요청한 쪽이나 강의를 듣는 사람조차 이 부분을 길게 이야기하는 걸 별로 달가워하지 않는다. 좀 더 노골적인 구체적인 이런 요청도 있다. "기초적이거나 이론적인 건 다 빼주시고요. 현장에서 바로 실전에 적용할 수 있는 기법 위주로 부탁합니다."

사별자와 함께하는 일은 주변 사람들에게 무력감을 일으킨다. 당연하다. 가까운 사람을 죽음으로 떠나보낸 후 겪는 비탄의 마음은 반드시 겪을 수밖에 없고, 그걸 대신하거나 줄여줄 수 있는 사람은 없다. 그렇기에 무력하지 않은 척 자기최면을 걸기 위해 자꾸 뭔가를 시도하고 권하고 종용하기도 한다. 하지만 사별자 곁에서 애도의 동반자로 함께하기로 결심했다면 당신의 마음속에서 스멀스멀 올라오는 무력감을 인정하고 그것에 적응해야 한다. 하고잡이의 마음을 다스려야 한다. 알렌 울펠트가 제시하는 애도에 동반하는 11가지의 법칙을 되뇌어보는 것도 도움이 된다.[*]

1. 동반하기는 다른 사람의 고통에 동참하는 것이다. 고통을 없애려는 노력이 아니다.

2. 동반하기는 다른 사람의 영혼의 광야에 함께 거하는

---

[*] 알렌 울펠트, 《애도의 여정에 동반하기》, 윤득형 옮김, KMC, 2021.

것이다. 문제의 해결점을 찾아야 한다는 책임감을 가질 필요는 없다.

3. 동반하기는 영적인 면을 존중하는 것이다. 지성에 초점을 맞추지 않는다.

4. 동반하기는 마음으로 이야기를 듣는 것이다. 머리로 분석하지 않는다.

5. 동반하기는 다른 사람의 힘든 과정에 함께 있으면서 증인이 되어주는 것이다. 그 과정에서 판단하거나 방향을 제시하지 않는다.

6. 동반하기는 곁에서 나란히 걷는 것이다. 앞장서지 않는다.

7. 동반하기는 거룩한 침묵이 주는 선물을 발견하는 것이다. 매 순간을 말로 채우지 않는다.

8. 동반하기는 고요함을 유지하는 것이다. 앞으로 나가기 위해 서두르며 움직이지 않는다.

9. 동반하기는 혼란과 혼동을 그대로 존중하는 것이다. 질서와 논리를 억지로 강요하지 않는다.

10. 동반하기는 다른 사람에게 배우는 것이다. 그들을 가르치려고 하지 않는다.

11. 동반하기는 늘 새로운 마음으로 다른 사람을 대하는 것이다. 경험적 기술이나 노하우가 아니다.

잃어버린 이야기가 흘러넘치도록

사별자들은 몸과 마음으로 계절의 변화를 미리 느낀다. 달력을 보지 않아도 그때가 다시 돌아왔다는 것을 안다. 11월 말부터 12월 초까지 끝없이 기분이 가라앉았다. 아버지의 기일이 다가오고 있다는 뜻이다. 딱 2개월 바짝 멍하고 순간순간 눈물이 났다. 추모와 애도의 시간을 특별히 보내지는 않았고 하던 일은 그대로 했다. 다만 애도 상담에서 사별자가 말하는 죽음과 관계의 이야기를 들으며 가끔 거리 조절이 힘겨웠을 뿐이다. 어떤 내담자의 이야기는 듣기 싫었고, 어떨 때는 내가 겪은 일처럼 깊이 마음이 겹쳐지기도 했다. 다시 모든 게 조심스러워졌고 겸손해졌다. 나는 이것을 아버지가 남겨준 사랑이라고 생각하기로 했다. 살아 계실 때 서로 사랑이라는 말을 한 번도 입 밖에 낸 적은 없지만 그렇게 믿기로 했다.

애도 상담에서는 "비록 고인은 죽었지만, 관계는 끝나지 않았다"고 말한다. 끝나지 않았기에 내가 어떤 삶을 선택하는가에 따라 그 관계는 변화할 수 있다. 내가 그렇게 할 수 있었던 것은 내 곁에 내담자들의 이야기가 있었기 때문이다. 우리가 겪은 각자의 상실과 애도의 이야기가 흘렀으면 좋겠다. 그래야 상실을 겪은 사람이 벌거벗은 약자가 되어 숨을 필요가 없다. 애도할 권리, 슬퍼할 자격을 논하지 말고 우리 몫의 눈물단지를 충분히 채웠으면 좋겠다.

누군가의
온 세상이
되는 일

◆

박소영

기자이자 위험에 처한 동물을 구호하는 활동가.
'동물'과 '동물권'을 인생의 마지막 어휘로 삼았다.
동생과 함께 스무 곳 안팎의 길고양이 급식소를
운영한다. 모든 동물이 안전하고 자유롭기를 바라며,
그런 세상을 만나기 위해 지금 여기에서 할 수 있는
일을 한다.

◆

나의 존경하는 고양이들

────────────

겨울에 나는 그냥 날씨다. 이 계절에 내 기분은 정확히 수은주의 눈금을 따라간다. 기온이 영하 15도까지 곤두박질치고 아침저녁으로 칼바람이 부는 날은 어디에서 무엇을 해도 기쁘지가 않다. 심장에 무거운 추가 달린 것처럼 한없이 아래로만 가라앉는다. 반면 겨울치고 제법 버틸 만한 날이면 모든 걱정거리가 사라진 양 굳었던 어깨가 조금씩 펴진다. 속에서부터 안도하는 마음이 흘러나와서, 스쳐지나는 사람들에게 괜스레 인사를 건네고 싶어진다.

최고 기온이 영하 10도 언저리를 맴돈 며칠간은 동생과도 이야기를 많이 나누지 않았다. (나와 동생은 2인 1조로 활동하며 스무 곳 안팎의 동네 고양이 급식소를 관리한다.) 이야기를 시작 해봐야 한숨과 걱정이 대화의 8할을 차지할 것을 경험으로 알기 때문이다. 그런데 며칠 동안 어둡던 동생에게서 조금 전 연락이 왔다. 날도 풀렸으니 오랜만에 영화를 보러 가지 않겠냐고. 극장에 못 간 지도 오래되었다고. 우리는 알고 있다. 정말 추운 날은 극장에 앉아 지금 이곳을 저버린 채 다른 세계로 진입하는 일을 도무지 견딜 수 없다는 것을. 겨울에 우리는 그냥 날씨다.

바람이 거세게 불면 길고양이들은 무척 예민해진다. 보이지 않는 어떤 존재가 자신에게 위협을 가한다고 느끼기 때문이다. 피부를 뚫을 듯 매서운 바람이 불어오면 어린 고양이들은 놀란 눈으로 주위를 살피며 지금 자기를 공격하는 상대가 누구인지 파악하려고 애쓴다. 그럴 때 내가 할 수 있는 일은 그저 재빨리 밥을 채우고 물을 갈아주는 것뿐이다. (식사를 마친 고양이들이 바람이 덜 치는 곳으로 몸을 피할 수 있도록 속도를 내야 한다.) 겨울집을 사용하는 고양이에게는 집 안의 습기를 닦아주고 준비한 핫팩을 넣어줄 수라도 있지만, 그마저도 해줄 수 없는 경우가 훨씬 더 많다.

귀가 시릴 정도로 추운 날은 지하철에 타는 즉시 몸과 함께 내 마음도 녹아내릴 것 같다. 얼었던 손과 몸이 따뜻해지기 시작하면 어느 때는 마구 화가 난다. 짧은 순간조차 몸을 데울 수 없는 동물들이 곳곳에 너무나 많다는 사실을 견딜 수 없어서. 그러니 동물의 곁에 있는 일은 내 무력함과 무능력함을 매 순간 자각하는 일이다. 아니, 아니다. 무력이나 무능력 같은 말은 적절하지 않다. 가해와 피해의 구도에서 인간은 늘 가해 쪽에 있으니까. 나 역시 그런 인간 중 하나니까.

한 달 내내 비가 쏟아지는 여름의 장마철도 두렵기는 마찬가지다. 속수무책으로 내리는 비에 어쩔 줄 몰라 하는 고양이들을 숱하게 보아왔기 때문이다. 갓 태어난 새끼 고양이들을 이리저리 물어 옮기는 엄마 고양이의 모습을 본 적 있는지. 나는 너무 괴로운 나머지 영영 사라져버리고 싶은 심정이 된다. 그러나 큰비에 떠내려가 목숨을 잃는 새끼 고양이가 셀 수 없이 많다는 현실 앞에서 내 마음의 고통을, 밥 주기의 어려움을 말할 수는 없는 일이다.

나는 40년 가까이를 몹시 불성실하게, 되는 대로 살아왔다. 초등학생 때부터 고등학생 때까지 일관성 있게(?) 지각을 했고, 대학생 때는 지각으로 모자라 결석도 자주 했다. 실은 회사 생활을 하는 지금도 아침에 일어나는 일이 무척 버겁다고 느낀다. 그런 내가 고양이들을 만나기 위해 하루도 빠짐없이 움직인다는 것을 알면 어릴 적 친구들은 놀랄지도 모르겠다. 출근하지 않는 주말은 물론, 밤샘 야근을 하고 오전에 퇴근한 날도 저녁이 되면 어김없이 회사(앞 밥자리)에 가니까.

돌이켜보면 길고양이 돌봄을 시작한 2016년만 해도 내가 이렇게 오래 이 일을 하게 될 줄은 몰랐던 것 같다. 아니, 내심 알고 있었나? 식구로 맞은 첫 고양이 토라와 너무 닮은 새끼 고양이가 동네에서 먹을 것을 찾는 모습을 보고는 밥을 챙기지 않을 수 없었다. 그렇게 시작한 돌봄은 시간이 지나면서 규모가 커졌고, 어느덧 10년이 가까워진 지금은 밥자리만 스무 곳 안팎이 되었다.

내가 홀로 관리하는 밥자리는 회사 근처 일곱 곳. 일찍 퇴근하는 날에는 동생 수영이 맡고 있는 집 근처 동네 밥자리 일곱 곳을 함께 점검한다. 프리랜서인 수영은 낮 시간에도 네 곳을 추가로 책임지고 있다. 급식소의 수와 위치는 계절에 따라, 고양이들의 이동에 따라 조금씩 달라진다.

출근 시간 만원 지하철에 가방과 밥 가방을 함께 들고 타려면 단단한 체력이 필요하다. 아침에 허둥대다가 중요한 것을 빠뜨리는 일이 없도록 밥 가방은 전날 저녁에 미리 준비해둔다. 두둑하게 채운 사료 두 봉지와 2리터들이 물병 두 개, 고양이용 주식 캔 여러 개와 접시, 쓰레기를 담을 봉지, 약과 영양제 등을 꼼꼼하게 챙겨야 한다. 겨울에는 핫팩과 보온용 방석을 추가로 넣는데, 방한용 물그릇 아래에 깔 핫팩과 겨울 집에 넣을 핫팩이 모두 필요하기 때문에 무게가 만만 치 않다. (추운 날은 핫팩을 하루에 15개가량 사용한다.) 나는 흡사 산을 오르는 시시포스의 마음으로 출근길 마을버스에 오른다. 바위처럼 육중했던 가방은 퇴근길에는 조금 가벼워져 있지만 다음날 아침이면 어김없이 빵빵해진다.

어쩌다 저녁 강연이 잡히거나 지방 출장을 가게되는 날을 제외하면 지각이나 결석도 할 수 없기 때문에(그런 날은 수영이 나의 회사 주변 밥자리까지 도맡는다) 하루 중 가장 중요한 일정은 당연히 밥 주기가 되었다. 피로가 극심해서 손가락 한 마디조차 움직이고 싶지 않은 날도 같은 시간 같은 장소에서 나를 기다리는 고양이들을 떠올리며 훌쩍 몸을 일으킨다. 멀리서 내 그림자가 보이면 기지개를 켜고 꼬리를 세운 채 다가오는 고양이들이 언제나 내 선생님이다. 나를 일으키고

걷게 하는 존재. 게으름 혹은 나태와 멀어지게 만드는 존경하는 나의 고양이들.

　길고양이를 돌보는 사람을 향해 비난을 쏟아내는 이들은 이렇게 말하곤 한다. 고양이들을 챙기면서 알량한 도덕적 만족감을 느끼려 한다고. 선한 사람인 척 위선을 부린다고. 그러나 도덕적 우월감 따위를 얻기 위해 매일 네다섯 시간을 꼬박 길 위에서 보내는 사람은 없다. 그런 말을 하는 사람이 있다면 그건 정말로 몰라서일 것이다. 일상의 많은 것들을 문자 그대로 포기한다는 것이 무얼 뜻하는지. 혹한이나 혹서에도, 몸이 아플 때나 집안에 일이 있을 때도 떨치고 일어나 문밖으로 나간다는 것이 정말로 어떤 의미인지. 내가 하는 일을 과시하려는 마음은 조금도 없다. 다만 사랑 없이 누군가의 곁에 있기란 불가능하다고 말하는 것이다.

　사랑해서 애가 타는 사람들은 쉽게 자신을 연료로 쓴다. 법과 제도가 (의도적으로) 남긴 구멍들을 스스로를 소진시켜 채운다. 개인의 사랑과 열정으로 시스템의 빈틈을 메우는 일이 옳다고 말하는 것은 당연히 아니다. 나는 고양이뿐 아니라 '피돌봄 동물'로 간주되지 않는 너구리와 고래, 비둘기와 고라니가 모두 제도 안으로, 국가의 보살핌 영역 안으로 들어와야 한다고 생각한다. 인간이 더 많은 이익을 취하기 위해 산을 헐고 바다를 메우는 동안에도 동물들은 제 터전에서 밀려나고 있으니까. 동물들을 돌보는 국가라니, 너무 먼 이야기처럼 들릴까?

그러나 내가 고양이들을 돌보기 시작한 2016년만 해도 지금보다 상황이 훨씬 나빴다는 것을 기억할 필요가 있다. 이틀에 한 번꼴로 고양이들에게 밥을 주지 말라는 말을 들었고, 호의적인 시선을 만나기도 어려웠으니까. 그 사이 세상은 조금씩, 그러나 꾸준히 움직였다. 길고양이 중성화 수술을 지원하는 지자체가 늘었고, 시청이나 구청에서 급식소를 제공하는 경우도 많아졌다. 내가 기억하고 매달리는 감각은 그러니까 이런 것이다. 변화하고 있다는 것. 우리가 행동하면 세상도 거기에 발을 맞춘다는 것. 느리지만 반걸음씩이나마 나아가고 있다는 것. 그러니 밥을 기다리는 동물들에게 내가 유일한 비빌 언덕이 아니게 되는 그날까지 (그런 날이 곧 올 것이라 믿고!) 조금만 더 힘을 내기로 한다.

물론 문제를 맞닥뜨린 개인이 모든 문제를 해결할 수는 없다. 변화는 문제를 인지한 개인들의 분투가

쌓일 때 이루어진다. 국내 동물보호단체의 소식을 촘촘히 따라가며 지금 무슨 일이 일어나고 있는지 파악하는 일은 그래서 중요하다. 필요할 때 함께 목소리를 낼 수 있고 조직적 행동에 돌입할 수 있으니까. 잊지 말자. 우리가 밀고 당기는 만큼, 세상은 움직이게 되어 있다.

◆

내 시간은 곧 그들의 공간

어제는 "고양이들이 똥을 싸니 밥을 주지 말라"는 경고를 들었는데, 오늘은 "고양이 겨울집을 여기에 두지 말라"는 말을 들으며 하루를 시작한다. 어쩌면 동네 고양이들을 돌보는 데 가장 필요한 것은 마음의 체력일지도 모른다. 내일은 내일의 새로운 불화가 나를 기다리고 있을 테니.

그러나 요령이 전혀 없는 것은 아니다. 밥을 주는 시간이 쌓인 만큼 내게도 공력이 생겼으니까. 처음에는 이 일을 탐탁지 않게 여기는 사람을 마주치지 않는 것이 최선이라고 생각했다. 얼굴을 마주하면 하지 않아도 될 말을 괜스레 더 얹게 되기 때문이다. (경험상 꼭 해야 할 말이 있는 사람이라면 급식소에 쪽지를 남기거나 내 연락처를 수소문한다.) 하지만 이제는 피하는 게 능사가 아니라는 것을 알게 됐다. 대화와 설득, 꾸준한 소통만이 유일한 해결책이라는 사실을 날이 갈수록 배우고 있다.

동물을 싫어한다며, 고양이들이 오면 위협해서 쫓아내겠다던 주차장 관리인과 처음에는 몇 차례 얼굴을 붉혔다. 그에게 내 신분을 밝히고 매일 밥자리 근처를 청소하겠노라 약속했지만, 그는 고양이들이 변을 본다며 절대로 이곳에 밥을 놓지 말라고 했다. 그 후 나는 불편함을 무릅쓰고 여러 번 그를 찾아가 얼굴 도장을 찍었다. 근처 다른 곳에도 3년 넘게 매일 관리하는 급식소가 있으며 그곳에 사는 고양이들은 모두 중성화 수술을 마쳤다고, 혹시 고양이들이 여기에 변을 본다면 퇴근 전에 반드시 직접 치우겠다고 했다.

나는 그에게 신뢰를 주기 위해 최선을 다했다. 근처에서 고양이 변을 발견하면 즉시 치웠고, 문제 상황이 생기면 바로 달려갈 태세를 취했다. 이렇게 쓰면 우리의 의사소통에 별다른 문제가 없었던 것 같지만 사실 그렇지는 않다. 내가 애걸하는 동안에도 그의 표정은 한결같이 좋지 않았으니까. 그러나 내가 여기에서 포기하면 그쪽 고양이들은 당장 밥을 먹을 곳이 없었다. 불편한 상황을 회피하고 싶어질 때마다 남몰래 기합을 넣으며 마음을 다잡았다. 피하고 싶어질 때가 오히려 기회라고 생각하려 애쓰며 호기롭게 맞섰다. 다른 직원들과 나누어 드시라고 비타민 음료 한 상자를 드리고 돌아온 날에는 우리 사이에 단지 미움이라고만 할 수 없는 무언가가 자라난 것 같아 뿌듯하기도 했다.

그러니까 나는 시간을 내 편으로 만들고 싶었던 것이다. 삶의 형식이 시간과 공간으로 나뉜다면 적어도 시간만큼은 내 마음대로 할 수 있으니까. 그럴 듯한 공간을 마련해줄 수는 없어도 시간을 늘릴 수는 있었다. 그래서 다른 일을 제쳐두고 고양이들 곁에 오래 머물렀고, 여러 날 사람들을 찾아가 지속적으로 설득했다. 내가 벼리는 시간이 고양이들에게 밥 먹을 공간이 되어줄 거라고 믿으며. (이 부분을 쓰는 도중 놀랍게도 지금 읽고 있는 책에서 이런 대목을 발견했다. 나이가 든다는 것은 "자신의 가능성이 아닌 타인의 가능성을 돌볼 시간이 오는 것"이며, "어떤 의미에서 이는 시간을 되찾는 길"이라고. "인간은 수전노처럼

144

자신만의 시간을 마지막 동전처럼 움켜잡고 홀로 죽지 않는다. 타인이 누릴 미래를 자기의 미래처럼 돌보기에 인간에게 시간은 무한한 것이다."* 이 말이 맞다면 우리는 시간을 되찾은 것이다. 동물들의 가능성을, 그들의 미래를 돌봄으로써 시간을 무한히 늘리는 데 성공했다.)

그리고 언어화가 있었다. 온갖 걱정과 스트레스가 극에 달할 때 그것을 눈에 보이고 귀에 들리는 것으로 전환하면 조금 나아졌다. 문자나 음성의 형태로 바뀐 불안은 이미 내 몸에서 분리되어 나온 것이기에 한 걸음 떨어져 바라볼 수 있었고, 그것을 누군가와 공놀이하듯 주고받을 수도 있었다. 처음에 내 대화 상대는 주로 동생이었다. 우리는 떨어져 있을 때도 시시때때로 통화하며 서로의 목소리를 주위에 심었다. 이후에는 비슷한 사람들을 적극적으로 찾아다녔다. 동물권에 관한 책을 읽었고, 길고양이 돌봄 활동을 하는 사람들이 모이는 커뮤니티를 찾았고, 그곳에서 내 이야기를 발견하려 노력했다. 처한 환경과 구체적인 상황은 달라도 누군가 나와 비슷한 시간을 통과하고 있다는 것만으로도 이상하리만큼 위로가 되었다. 그들

---

*   서동욱, 《철학은 날씨를 바꾼다》, 김영사, 2024

은 꼭 이렇게 말하는 것 같았다. '알아요, 그 마음. 당신이 지금 어디에 있는지도.'

시간이 날 때마다 커뮤니티에 질문을 남기고 다른 사람의 고민에 답변을 해주기도 하던 그즈음 글쓰기의 필요성을 절실하게 느꼈다. 동물과 동물권에 대해 내가 알게 된 것들을 사람들에게 전해야 했다. 고양이를 돌보고 불법 개농장에 팔려간 개들을 구조하며 이전에는 볼 수 없었던 것들을 보게 됐으니까. 쌓인 무언가를 어떤 식으로든 몸 밖으로 내보내야 한다는 생각도 있었다. 가장 먼저 나를 위해, 그 다음으로는 나 같은 누군가를 위해. 베르톨트 브레히트가 했던 말대로 "그 진실을 가지고 무언가를 할 수 있는 누군가를 위해 써야만" 했다.

그렇게 나의 경험이 담긴 책《살리는 일》을 출간한 이후 나는 가까운 돌보미 몇 명에게 내 책을 선물했다. 내가 다른 사람들의 분투에서 나를 읽어냈듯 그들이 내 이야기에서 스스로를 읽어내고 자기 안의 어떤 부분을 씻어낼 수 있길 바랐다. 그들이 걸을 때 책이 함께 걸으며 잠깐이나마 지원군이 되어주기를 바랐다. 투박하고 덜컹거리는 글이지만 진심 아닌 것은 거기 없었으므로, 우리는 서로를 알아볼 수 있을 거라고 생각했다. 그렇게 나는 같은 길을 걷는 동료들에게 내 마음을 의탁했다.

◆

'동물들의 달라진 삶'이라는 장미

조지 오웰에게 장미를 가꾸는 취미가 있었다는 것을 아는가? 전체주의를 겨냥하고 억압에 저항하던 그는 사회를 비판하는 일 못지않게 장미 가꾸기에도 탐닉했다. 오웰에게서 새로운 면모를 발견한 리베카 솔닛은 책 《오웰의 장미》에 이렇게 썼다. "정원은 항상 생성의 장소이므로 정원을 만들고 관리하는 것은 희망의 몸짓이다. 지금 심는 이 씨앗들이 싹 터 자라고, 이 나무가 열매를 맺으리라는, 봄이 오리라는, 그래서 뭔가 수확이 있으리라는 소망 말이다. 그것은 미래에 깊이 관여하는 활동이다."

이 대목을 읽으며 이런 생각이 들었다. 어쩌면 장미 심기는 다른 방식으로 삶을 보기 위한 오웰식의, 조금은 처절한 분투였을지도 모른다고. 도무지 낙관할 수 없는 불확실한 미래 대신 그는 눈앞의 장미에 시선을 두었을 것이다. 심는다는 행위가 전제된다면, 거기에 약간의 관심과 보살핌이 추가로 주어지기만 한다면 장미는 높은 확률로 꽃을 피울 것이므로. 노력한 만큼 응답을 주는 정직한 존재에게 오웰은 마음 한 구석을 깊이 의지했을 것이다. 그러니 장미는 어떤 의미에서 정말로 그를 살게 한 것일지도 모른다.

오웰처럼 내게도 작고 예쁜 장미가 있다. 크게 시간을 들이지 않아도 가까이에서 만날 수 있는 영화와 미술, 책 같은 것들이다. 그리고 (이렇게 말하면 너무 거창할지도 모르지만) 동시에 이것들은 내 생존의 방책이기도 하다. 나의 현실과 직접적으로 관련이 없는 외부의 이질적인 것들을 (불)규칙적으로 내 안으로 들이는 일이다.

서경식 선생의 책 《나의 미국 인문 기행》을 읽다가 내 마음과 꼭 같은 구절을 발견하곤 반가웠다. 군사정권 아래에서 감옥에 수감된 두 형의 석방 운동을 하기 위해 미국에 간 그는 짬이 날 때마다 미술관을 찾아다녔다. 어찌 보면 한가해 보이는 자신의 그런 행동이 누군가의 눈에는 괴이해 보였을지도 모르겠다며 그는 이렇게 썼다. "좋은 미술 작품과 조우하기를 바라며 떠돌아다니는 일이 내 자신의 생존에 필요했다"고. 그렇다. 이것은 한 치의 과장 없이 생존이 걸린 일이다. 생존에 필요한 이런 일조차 여유 시간을 확보할 수 있느냐에 달려 있다는 것이 문제라면 문제지만.

수영과 나는 영화 보는 것을 무척 좋아한다. 하지만 우리가 함께 영화 한 편을 보려면 촘촘히 계획을 짜야 한다. 밤 시간에 같이 도는 동네 급식소를 수영이 분 단위로 시간을 계산해 재빨리 순회하는 동안 나는 역 근처 급식소에 밥과 물을 채운다. 우리는 상영 시간에 맞춰 간신히 영화관에 도착하고, 좌석에 앉아 거친 숨을 조용히 쏟아낸다.

이렇게라도 영화를 볼 수 있는 날은 비교적 운이 좋은 것이다. 급식소 한 곳에서 예기치 못하게 시간이 더 걸릴 때도 있고, 최선을 다했지만 시간에 맞추지 못할 때도 많으니까. 둘 중 한 사람이 너무 늦어서 끝내 한 사람만 영화를 보게 되는 경우도 있다. 우리는 매번 이렇게까지 하면서 영화를 봐야 하냐고 투덜거리지만, 실은 알고 있다. 이렇게라도 스스로를 위한 시간을 확보하지 않으면 우리 안의 무언가가 곧 상해버리고 말 거라는 걸. 그러니까 이건 돌봄을 지속하려는 우리 나름의 노력이다. 작고 개인적인 기쁨을 사이사이에 끼워넣음으로써 생활에 균형 감각을 부여하려는 노력. 모든 것이 일순간에 파스스 부서지지 않게 하려는 노력.

책과 그림뿐일까. 내게는 나만이 가꿀 수 있는 '진짜 장미'가 따로 있다. 돌보는 고양이들이 조금씩 피어나는 모습을 가까이에서 지켜보는 것이다. 돌봄 활동을 지속하면서 나는 마음속으로 어떤 확신을 품게 됐다. 누군가의 관심과 애정이 자기에게로 쏟아진다는 것을 느끼게 된 동물이 조금씩 변해가는 모습만큼 벅차고 애틋한 것은 세상에 없다고. 그들은 말이 많아지고, 자주 신이 나며, 삶에 기대하게 된다. (누가 동물은 미래를 모른다고 했던가? 사랑받는 동물은 자기 삶이 흥미진진하며 앞으로 더 그러리라는 것을 정확하게 안다. 오지 않은 미래를 앞당겨 걱정하거나 불안으로 자기를 소진하지 않을 뿐.)

내가 회사 근처에서 4년 가까이 돌보고 있는 둥이는 본래 표정이 없는 고양이였다. 인간의 기준에서 특별히 고단한 삶은 아니었지만 딱히 즐거움이 있는 것 같지도 않아 보였다. 늘 같은 얼굴로 밥을 먹었고, 이렇다 할 흥미가 없는 눈으로 주위를 살폈다. 나는 둥이와 그 일가족에게 동시에 중성화 수술을 해주었다. 안전한 영역에서 여섯 식구가 오래도록 함께 지내길 바라는 마음에서였다. 그러나 수술을 마치고 얼마 지나지 않아 둥이는 영역에서 이탈했다. (둥이와 백호는 새끼 넷을 낳은 커플인데, 백호가 중성화 수술을 한 둥이를 더 이상 '여자'로 인식하지 않게 되자 영역에서 쫓아내려 했다. 여기에 다 큰 자식들이 귀찮게 하기까지 해 둥이의 이동은 더 빨라졌다.) 본래 영역에서 꽤 떨어진 곳에서 둥이를 다시 만난 것은 약 1년 뒤였다. 하루도 마음을 놓지 못하고 둥이를 찾아다니던 나는 더 큰 책임감을 가지고 이 아이를 돌보게 되었다.

요즈음 둥이는 우리 집 고양이 식구들이 나를 좋아하는 것보다도 더 나를 좋아한다. 내가 근방 10미터에 접근하면 곧장 냄새로 알아채고 "야옹 야옹" 소리 내어 나를 부른다. 밥을 먹으면서도 중간중간 고개를 돌려 내가 근처에 있는지 확인하고, 신이 나 계단 위로 달려나갔다가도 재깍 돌아와 내 무릎에 얼굴과 코를 비빈다. '너는 내 것'이라는 고양이 특유의 진한 애정 표현이다. 백미는 무언가에 집중한 둥이의 뒷모습인데, 다른 고양이가 자기 영역에 모습을 드러내는 것을 못 견디는* 둥이가 허리를 꼿꼿하게 세우고 경계 태세를 유지할 때 그 뒤통수에는 이런 메시지가 흐른다. '나는 존중받는 고양이이고, 내 뒤에는 항상 날 지켜

---

* 고양이는 영역 동물이라 대체로 자기 영역에 다른 동물이 등장하는 것을 싫어한다. 낯선 고양이가 나타나면 위협하는 소리를 내거나 달려가 쫓기도 한다. 둥이는 영역에서 나이가 많은 축에 속해 잘 쫓기지 않고 주로 쫓는 편인데, 어린 고양이들은 둥이가 근처에 다가가기만 해도 겁을 먹고 내뺀다. 물론 그럴 때마다 자제시키지만, 고양이님들은 인간의 말 따위 듣지 않는다.

주는 지원군이 있어.' 고양이와 함께 지내본 사람이라면 이 말이 결코 과장이 아니라는 걸 알 것이다. 그렇지만 둥아, 언니는 꼭 너만의 지원군은 아니란다…….

누군가에게 기쁨을 줄 수 있다는 사실, 내가 그럴 수 있는 사람이라는 사실을 자각한 이후 나와 나 자신의 관계는 많이 달라졌다. 스스로가 한없이 비릿하게 느껴지는 순간에도 내가 누군가의 우주에서만큼은 사랑을 피워올리는 사람이라는 것을 알고 있으니까. 내 몸을 움직이는 반경만큼은 확실한 행복을 선사할 수 있으니까.

그러니 부디 더 많은 고양이들이 나를 보호막으로, 도구로 여겨주기를. 나라는 인간 동물을 구석구석 활용해 탐스럽고 건강하게 피어나기를. 이보다 더 아름다운 장미를 나는 알지 못한다.

◆

고양이를 돌보는 나를 돌보기

동료 기자들이 퇴근하거나 저녁식사를 하러 가는 시각인 오후 6시 30분. 밥 가방을 둘러메고 엘리베이터를 타면 누군가 꼭 내게 말한다. "고양이들 챙기는 것도 좋지만 너부터 좀 챙겨 먹어." 동물 구호 활동을 하며 가장 많이 들은 말이 아닐까? 네가 건강해야 동물도 건강하다는 말.

다정하고도 근심스러운 격려에 나는 늘 고개를 끄덕이지만, 사실 한 번도 그 말을 진지하게 생각해 본 적은 없었다. 얼마 전까지도 이런 말들은 내게 그저 추상의 영역에 머물러 있었을 뿐, '건강'이라는 것이 개념을 넘어 어떤 실체로 눈앞에 다가온 것은 아주 최근의 일이다. 정신적 스트레스에서 비롯한 과민성 방광염이 찾아온 것이다. 피로와 탈모, 대상포진 정도는 현대인이라면 누구나 겪는 것이라고 생각했으므로 대수롭지 않게 여겼지만 방광염은 조금 달랐다. 병증이 더 심해질 경우 요실금으로 이어질 수 있었는데, 그 전조 증상으로 볼 만한 것이 생겼다. 그즈음 내 머릿속에는 신체 지도 같은 것이 떠올랐다가 사라지곤 했다. 건강하다고 자부했던 몸의 여기저기에 한 군데씩 차례로 빨간 불이 들어오는 그림이었다.

그때였다. 처음으로 내 몸을 '정말로' 돌보아야겠다고 자각한 것은. 그전까지 나는 스스로 최선을 다하고 있다고 진심으로 느끼면서도 여전히 무언가 더 할 수 있다고, 해야 한다고 생각했다. 그래서 스스로를 쥐어짜냈고, 짜내며 버텼다. 그 시절 삶은 나와 내가 돌보는 동물이 한 장소에 나란히 눕는 것을 허락하지 않았다. 그들을 위하고 싶다면 나는 자리를 비켜줘야 했다. 그러나 이렇게 지내다가는 정말로 돌봄을 지속할수 없을지도 몰랐다.

길고양이들에게 밥을 주던 초기, 나는 그들의 팍팍한 삶에 감정적으로 심하게 이입했다. 춥고 더울 때는 혼자만 따뜻하거나 시원한 곳에 있는 것이 미안해서 그 시간을 고통 속에서 함께 견디려 했다. 좋은 책을 읽고 맛있는 음식을 먹으며 기쁨을 느끼다가도 이 순간에도 동물들이 차가운 도로 위에서, 도살장에서, 감금틀에서 죽음을 맞을 거라고 생각하면 웃고 지낸 내 하루에 침을 뱉고 싶어졌다. 이 거대한 지옥을 설계한 인류의 일원으로서 인간이 만든 세계를 직면하지 않고 책임지지 않는 스스로를 견딜 수 없었다. 현실적인 불안감도 있었다. 동물들과 상이한 환경에 놓인 내가 그들의 상황에 예민하게 반응하지 못할까 봐, 나태해질까 봐 두려웠다. 너무 많은 동물이 언제나 항상 괴로움 속에 있었으니까.

그런 내게 사람들은 이야기했다. 동물에게 과도

하게 감정을 이입하는 것은 동물을 사람으로, 혹은 자기 자신으로 여겨서라고. 자신의 힘듦과 결핍을 그들에게 투사하는 거라고. 일견 맞는 말이기도 했다. 다른 이의 아픔에 가장 먼저 반응하는 건 늘 취약함을 가진 이들이었으니까. 약함을 끌어안아본 적 없는 사람이 다른 존재의 고통을 제 것처럼 느끼기란 쉽지 않다.

그러나 나는 되묻고 싶었다. 그들과 나는 다르다고, 내 문제를 그들의 문제와 겹쳐 볼 수 없다고 말하는 것이야말로 전형적인 타자화가 아닌가? 동물은 인간만큼 깊고 심오한 영역을 탐험할 수 없다고 단정하며 그들의 능력을 폄하하는 것은 곧 대상화가 아닌가?

어느덧 9년 차가 된 지금도 나는 매 순간 동물에게 이입하며 살고 있다. 그러나 처음과 달라진 점도 있다. 내 마음과 몸을 조금은 분리할 줄 알게 된 것이다. 이를테면 추위가 극심한 날에는 내 몸을 너무 차게 내버려두지 않으려 노력한다. 이전에는 길동물들이 느끼는 추위를 비슷한 강도로 함께 체감해야 한다고 생각했다면, 이제는 내 손이 얼지 않도록 하는 것도 못지않게 중요하다고 느낀다. 손이 얼면 일에 속도가 붙지 않을 뿐 아니라 곧 체온을 빼앗겨 몸 전체가 찬기에 시달리게 된다. 그렇게 꽁꽁 언 몸으로 집에 돌아오면 자는 동안에도 끙끙 앓게 되고, 다음 날 밥을 주러 나가는 일이 몹시 힘겹게 느껴진다. 그래서 겨울에 밥을 줄 때면 나는 중간중간 실내에 들어가 잠시라도 몸을 녹이려고 노력한다. 녹인 손을 바삐 움직여 고양이들이 마실 물을 한 번 더 따뜻한 것으로 갈아준다.

요 몇 달간 나의 최대 화두는 '초조해하지 않기'였다. 어쩌다 고양이들과 약속한 시간에 늦어도 딱 반 템포만 여유를 가지기로 한 것이다. 평일에 내 밥 배달은 주로 오후 6시 30분 전후에 시작되는데, 퇴근이 늦어져 6시 40분이 넘어가면 그때부터는 안절부절못한다. 바깥에서 나를 기다릴 고양이들 생각에 일이 손에 잡히지 않고, 5분이면 처리할 수 있는 일을 10분, 15분씩 끌고 만다. 그럴 때면 과거의 경험을 애써 상기하며 마음을 다독인다. '10분 정도는 늦어도 괜찮아. 전에도 늦어 봤지만 아무 일 없었잖아.'

딱 5분을 더 투자해서 가급적 내 식사도 챙기려고 하게 되었다. 고양이들을 돌본 이래 그들보다 내 밥을 먼저 챙기는 일은 거의 없었고, 끼니를 거르는 일도 부지기수였다. 하지만 이제 수영과 나는 힘주어 서로에게 이야기한다. 5분이면 먹는 밥, 까짓것 우리부터 빨리 먹고 고양이들 밥을 주자고. (물론 이건 대체로 둘이 함께 있을 때 가능한 이야기이고, 떨어져 있을 때 우리는 여전히 쫄보다……)

　말하자면 내 몸을 돌보는 것이 돌봄의 필요조건이라는 사실을, 나는 몸을 허물어뜨려가면서야 배우고 있는 것이다. 몸이란 너무 정직해서 쓰는 만큼 헐고 낡을 수밖에 없다는 것을, 한번 망가지면 오래도록 회복이 불가능할지도 모른다는 것을, 동물을 돌보기 위해 노력하는 만큼 돌봄을 지속하는 나를 위해서도 노력해야 한다는 것을, 내가 나를 너무 몰아붙이지 않도록 감시하는 것도 내 몫이라는 것을……. 그러니까 돌봄이란, 돌보는 사람과 돌봄을 받는 존재가 한 팀이 되어 달리는 경기 같은 것이라는 사실을.

◆

단 한 번이라도 구해본 사람은 안다

　팬데믹을 겪으면서 세계의 많은 부분이 달라졌다. 불과 몇 년 전까지 중요성을 인정받지 못했던 돌봄노동의 가치도 최근 재조명되고 있다. 돌봄 없이는 우리 사회가 문자 그대로 돌아가지조차 않는다는 사실을 모두가 깨달은 것이다. 그러나 돌봄의 대상이 사람이 아닌 동물일 때, 즉 누군가가 동물을 돌본다고 할 때 세상의 시선은 여전히 차갑다. 가장 큰 이유는 동물이 돌봄을 받아 마땅한 존재라고 생각하지 않기 때문이다. (챙겨야 할 사람이 이렇게 많은데 동물이라니!)

또 하나는 동물을 인간의 개입 없이 살아야 하는 존재로 간주하는 탓이다. 여기에는 자연에 대한 세간의 통념도 한몫을 하는 듯하다. 우리는 자연 혹은 자연 상태에 대해 상당 부분 잘못 생각하고 있다. 자연이란 있는 그대로인(그대로 두는) 것, 다시 말해 내버려두(어야 하)는 것이라고 오해한다. 동물을 곧 자연으로 생각하는 사람들은 따라서 동물에게 돌봄이 필요하지 않다고 주장한다. 그들이 야생성을 유지할 수 있도록 인간의 개입을 최대한 배제해야 한다는 것이다.

그러나 이미 동물들이 사는 모든 곳에 인간의 개입이 지나치게 있었다는 사실을 감안하면 이런 말은 무책임하기 짝이 없다. 수많은 동물이 먹을 것과 잠잘 곳을 잃고 인간이 밀집해 있는 곳으로 내려오고 있다. 이런 상태에서 야생(성)을 말하며 그들이 본성대로 살 수 있도록 도우라는 말은 그들을 방치하라는, 자연이라는 이름으로 죽게 내버려두라는 것이나 다름없지 않나.

애초에 자연 상태라는 것이 구성원들 간에 영향을 주고받지 않는, 고립되고 분리된 세계일 리도 없다. 인간과 비인간 모두 이 세계에 태어나는 순간부터 주위의 보살핌을 받으며 성장한다. 인간은 걷는 법과 먹는 법과 말하는 법을, 동물은 사냥하는 법과 천적으로부터 몸을 보호하는 법을 부모와 무리로부터 배운다. 그렇다면 자연 상태란 외려 서로에게 의존하는 상태, 관계망을 만들어 가르침을 주고받는 상호 돌봄 관계에 가깝지 않을까? 외부의 개입 혹은 조력을 필요로 하지 않는 독립적인 상태가 곧 자연이 아니라는 뜻이다.

동물들의 서식지가 인간에 의해 대부분 파괴된 지금 같은 상황에서 인간의 도움 없이 자연이 제 모습을 유지하기란 불가능에 가깝다. 동물들이 그들의 역량을 최대로 발휘하며 삶을 영위할 수 있도록 하려면 인간이 제공하는 최소한의 돌봄이 반드시 필요하다. (이 경우 돌봄은 말 그대로 최소한의 의무일 뿐이다. 우리에게는 그들의 세계를 '복원'해야 할 책임이 있다.) 당장 인간의 개입 없이는 밥을 먹을 권리도, 안전하게 잠잘 권리도, 목숨을 유지할 권리도 지킬 수 없는 동물이 너무나 많지 않은가.

돌봄이라는 말이 인간의 오만이라고 생각한다면 그건 우리의 돌봄이 그들의 삶에 꼭 필요하다는 현실을 부러 외면하는 것에 지나지 않는다. 그것은 방치이며 또 다른 이름의 폭력일 뿐이다. 나는 동물을 대상으로 한 돌봄이 지금보다 더 폭넓게 확대되어야 한다고 생각한다. 고양이와 개, 소와 돼지뿐 아니라 모든 야생동물이 그들의 삶을 최대한으로 누릴 수 있도록 인간이 적극적으로 개입할 필요가 있다. 그 모든 개입이 필요하지 않아질 때까지.

한 번이라도 도움이 필요한 동물에게 손 내밀어 본 사람은 알게 된다. 함께 만드는 관계에서는 인간이 주체이고 동물은 객체인 채 존재하지 않는다는 것을. 우리 사이에 놓인 것은 결코 일방향의 회로가 아니라는 것을. 촘촘하게 짜인 그물망 안에서 우리는 원하든 원하지 않든 다른 존재와 엮이고 서로의 세상을 조금씩 변화시킨다. 그리고 그렇게 변화된 세계에 의해 다시 영향을 받는다.

동물들을 만나고, 나는 생이 공허하다거나 허무하다는 말 따위는 믿지 않는다. 삶에서 중요한 것은 다만 누군가의 곁을 지키며, 함께 누리는 시간을 귀하게 여기는 일이라는 사실을 깨달았으므로. 우리는 그저 서로에게 기울이는 몸과 붙잡는 손일 뿐 다른 무엇도 아니다. 서로라는 가능성 안에서만, 우리는 미래로 연결될 수 있다.

　이런 맥락에서 누군가를 돌본다는 것은 지금 여기에서 미래를 선취하는, 미래지향적인 일일 것이다. 지구의 내일을 장담할 수 없는 전례 없는 위기 속에서, 우리의 미래란 조금 비관적으로 들릴지 몰라도 탈락과 배제의 연속일 테니까. 극심해진 양극화 속에서 가진 자들이 안전하게 살 곳을 찾아 이동하는 동안 대다수의 평범한 사람은 안전망에서 떨어져 나와 부유하며 매일의 생존을 걱정할 수밖에 없다. 아마도 동물들의 상황은 더 나쁠 것이다. 그들은 지구의 비극적인 운명에 무엇도 기여한 바 없으나 누구보다 먼저 폭염과 산불, 폭우의 피해를 입고 있다.

　그러니 우리는 미래를 당겨 살아야 한다. 미래를 지금-여기로 데려와 구현해야 한다. 나는 그 유일한 방법이 서로를 살리는 것이라고 믿는다. 구할 수 있을 때 구하고, 돌볼 수 있을 때 한 존재라도 더 돌보는 것. 아마도 세계의 구원은 거기에 있지 않을까. 사랑만이 우리의 자랑이니까. 서로가 없으면 우리는 아무것도 아니니까.

당신과
결혼하고
싶습니다

◆

백정연

정보 약자를 위해 쉬운 정보를 만드는 사회적기업
'소소한소통'의 대표. 사회복지사로 일하다
척수장애를 가진 현 남편을 만났고, 비장애인과
장애인의 삶을 모두 살아보는 것은 행운이라고
말하는 그에게 반해 결혼하고 싶다고 말해버렸다.

축하보다는 걱정이 앞섰던 연애

승일을 처음 만난 건 일터에서였다. 같은 건물, 다른 회사에서 일했던 우리는 약간 거리가 있는 업무 파트너였다. 어쩌면 업무적 관계로, 스쳐 지나가는 수많은 인연 중 하나로 남았을지도 모르는 그에게 호감을 갖기 시작한 것은 돌이켜 생각해보면 승일의 미소 때문이었다. 승일은 상대를 기분 좋게 만드는 따뜻한 미소를 가졌다. 잘생긴 얼굴에(네, 저는 얼굴 보고 결혼했습니다) 드리워진 미소는 마주하는 얼굴까지 미소 짓게 만들었다. 그러던 어느 날 승일에게 문자 메시지를 받았다.

"아직 퇴근 전이라면, 치맥 한잔하실래요? 둘이 부담스럽다면 건장한 청년들도 몇 명 같이 있습니다."

부담을 주지 않으려 덧붙였을 말 때문에 오히려 헷갈렸다. 데이트 신청인가, 그냥 치맥을 같이하고 싶은 건가, 아니면 건장한 청년 중 누구를 소개해주려는 건가. 메시지를 받은 날은 야근을 피할 수 없던 날이라 다른 날로 약속을 잡아 승일과 치맥을 하게 되었다. 그때는 건장한 청년들 없이 승일과 나, 둘만 함께했다. 치맥을 가운데 두고 우리는 네 시간 넘게 이야기를 나눴다. 이렇게 누군가와 시간 가는 줄 모르고 이야기를 나눈 경험은 오랜만이었다. 나는 그날 이 사람과 결혼할 것 같다는 느낌을 받았다. 내가 원래 '금사빠'였는지, 아니면 결혼할 사람은 한눈에 알아본다던데 정말 운명인 것인지 당시에는 약간 혼란스러웠다. 지나보니 승일은 정말 나의 운명이었다.

어느 날은 사무실에서 일하고 있는데 뒤통수에서 "저도 넥센 팬입니다" 하고 속삭이는 소리가 들렸다. 뒤를 보니 승일이었다. 업무를 위해 전달해야 하는 서류를 직접 주려고 왔단다. 메일로 보내면 되는 것을 직접 주려고 왔다고? 아무리 사무실이 가까워도 그렇지, 조금 이상한 사람이라고 생각했다. 나중에 물어보니 승일은 내 컴퓨터 바탕화면에 있는 넥센의 한 선수를 본 후 내가 넥센 팬이란 것을 알고 친해질 계기를 찾았단다. 당시 나는 한창 야구에, 특히 넥센이라는 팀에 빠져있던 터라 같은 야구팀의 팬인 점은 호감도를 상승시키는 데 톡톡한 역할을 했다. 이상한 사람이라는 오해를 잠깐 받았지만 승일의 플러팅은 성공했다.

두 번째 만남에 승일과 연애를 시작했다. 나는 30대 중반, 승일은 40대 초반의 나이였다. 같은 건물에서 일했기에 잠깐이라도 매일 만나다 보니 빠르게 가까워졌다. 연애 초반, 카카오스토리(당시 유행했던 SNS였다)에 '내가 좋아하는 사람'이라는 글을 덧붙여 사진 한 장을 올렸다. 카페에서 나의 어깨에 기대 잠든 승일의 모습이었다. 얼굴은 보이지 않는 사진이라 알아보지 못할 거라고 생각했는데, 직장 동료 한 명이 금세 댓글을 달았다. "저도 좋아하는 사람입니다." 헉, 어떻게 알았지? 나중에 물어보니 승일의 한쪽 귀에 있는 피어싱이 힌트가 되었단다. 그렇게 우리는 연애 초반부터 빠르게 친구와 직장 동료에게 서로의 존재를 알리며 연애를 공식화했다.

나의 친구들에게 승일을 소개할 때, 내가 그랬듯 친구들도 승일의 매력적인 미소를 발견할 거라고 생각했다. 승일이 휠체어를 사용하는 장애인이라는 이야기를 듣고 당황하는 표정을 짓거나 걱정을 먼저 내

비치기도 했지만, 직접 만나면 '장애'보다 '사람'의 매력을 볼 거라 믿었다.

하지만 기대와 현실은 달랐다. 승일이 화장실을 가느라 자리를 비울 때면 친구들은 축하보다 걱정하는 마음을 꺼내놓느라 바빴다. "사람은 좋은 것 같은데……." 말줄임표 안에는 장애인과의 연애에 대한 걱정이 자리하고 있었다. 친구들은 "결혼까지 생각하는 건 아니지, 부모님은 어떡할 거냐"며 부모님 이야기를 꺼내면서까지 나의 연애를 걱정했다. 오랜 세월 친구로 지내며 비슷한 가치관을 가졌다고 생각했던 친구들과 나 사이에 보이지 않는 벽이 있는 것 같았다. 내색하지는 못했지만 승일에게 부끄럽고 미안했다. 승일의 친구들은 모두 우리의 연애를 축하하고 기뻐하는데, 왜 나의 친구들은 그렇지 않은 걸까. 비장애인과 장애인의 사랑은 사랑 그 자체로만 축복받기 어렵다는 현실이 따갑게 느껴졌다.

장애는 그 사람이 가진 온전한 모습이다. 장애를 없애기 위해 혹은 비장애인에 가까운 장애인이 되기 위해 개인이 할 수 있는 노력 같은 건 없다. 직업이나 연봉, 학력 등 사람을 파악하는 사회의 여러 가지 기준을 생각해보면 '장애 유무'는 정말 이질적인 지표 아닌가.

친구들의 반응에 서운함과 실망감 같은 복잡한 감정을 느끼긴 했으나, 나는 그런 걱정에 아랑곳하지 않고 즐겁게 연애했다. 승일과 나는 매일 만나 서로를 알아갔고, 매일 만나 서로에게 미소지었으며, 매일 만나 사랑했다. 그렇게 가까워질수록 나에게 승일의 장애는 보이지 않았다. 아니, 정확히 표현하자면 승일의 장애는 승일을 더 매력적으로 보이게 했다. 승일은 스스로를 "장애인과 비장애인의 삶을 모두 사니 운이 좋은 사람"이라고 평했고 나는 그런 승일의 모습을 가장 사랑했기 때문이다.

만약 이 글을 읽는 당신이 사랑하는 사람이 장애인이고 그 사람과의 미래를 고민하고 있다면 나는 나의 경험을 통해 자신 있게 조언한다. 사랑하는 사람의 장애를 보지 말고, 그 사람이 장애를 다루는 태도를 보라. 장애인이 가진 일상의 불편함은 분명히 존재한다. 하지만 그 불편함을 어떤 태도로 받아들이며 살아가는지에 따라 삶은 행복하기도, 불행하기도 하다.

승일은 비장애인일 때의 자신을 그리워하지 않는다. "휠체어를 타지 않고 걸을 수 있다면" 같은 상상을 하거나, 입으면 걸을 수 있다는 로봇 따위에 관심을 두는 일이 없다. 그 대신 승일은 휠체어를 타고 갈 수 있는 곳이 많아지려면 무엇을 해야 하는지 고민하고, 휠체어를 타고 즐길 수 있는 일은 무엇이 있는지 탐색한다. 승일이 장애를 온전히 자신의 것으로 받아들이고 삶을 살아가는 모습은 장애인의 삶에 대한 편견을 거두게 한다. 그리고 10년간의 결혼생활을 지켜본 친구들도 이제는 나의 결혼생활을 걱정하지 않는다. 오히려 아직도 신혼처럼 알콩달콩 지낸다며 부러움 가득한 마음으로 바라본다. 그래, 승일은 나의 운명이었다.

◆

휠체어 사용자와의 좌충우돌 데이트

서울은 즐길 곳도 많고, 대중교통도 편리한 도시라고 생각했다. 승일을 만나기 전까지는 말이다. 승일과 데이트를 할 때마다 장애물을 마주했다. 맛집으로 유명해 찾아간 곳에서는 계단이 우리를 맞이했고, 바다 여행을 가서는 모래사장에 휠체어 바퀴가 푹푹 빠져 먼발치에서 바다를 바라봐야만 했다. 평범한 데이트는 생각보다 특별한 일이 되었다.

편의시설 걱정을 피하려다 보니 승일과는 영화관 데이트를 자주 했다. 영화를 정말 좋아하는 커플인가 싶겠지만, 그보다는 휠체어 접근성 걱정 없이 갈 수 있는 곳 중 하나가 영화관이었기 때문이다. 대부분의 영화관에는 상영관마다 휠체어 사용자를 위한 장애인석이 있다. 영화관 앱으로 장애인석을 지정해 예매할 수 있고, 자주 다니는 영화관은 어느 상영관이 편한 좌석인지도 알 수 있다. 대형 영화관이 있는 건물은 대부분 엘리베이터나 장애인 화장실 등 기본적인 편의시설도 갖춰져 있어 큰 걱정 없이 갈 수 있다. 잘 모르는 곳, 혹은 정보가 없거나 잘못된 정보가 있는 곳에 갔다 낭패를 본 일이 많았기에 우리에게 영화관은 큰 걱정 없이 편하게 시간을 보낼 수 있는 곳이었다.

보도블럭이 깔린 한국의 도보는 생각보다 위험한 곳이 많아 길을 다닐 때도 늘 주의가 필요하다. 연애 당시 우리 둘 다 직장이 여의도였다. 여의도는 길도 넓고 도로 정비도 잘 되어 있는 편이지만, 어디까지나 비장애인 기준이다.

퇴근 후 둘이 함께 저녁을 먹으며 술도 한잔했던 날이었다. 저 멀리 있는 신호등이 초록불로 바뀌었

다. 조금 서두른다면(휠체어를 빠르게 굴린다면) 충분히 건
널 수 있는 거리로 보였다. 승일과 나는 합을 맞춰 속
도를 냈다. 승일은 두 팔로 휠체어 바퀴를 열심히 굴
렸고, 나는 그의 뒤에서 휠체어를 밀며 앞으로 달렸다.
신호등에 다다라 인도에서 차도로 나가는 순간, 휠체
어에 앉아 있던 승일이 쿵 소리와 함께 앞으로 고꾸라
졌다. 인도에서 차도로 바뀌는 경계에 아주 작은 단차
가 있었고, 비장애인이라면 아무렇지 않게 지나갈 수
있는 턱에 휠체어 앞바퀴가 걸렸던 것이다. (휠체어 앞
바퀴는 뒷바퀴에 비해 매우 작고, 작은 장애물에도 걸릴 수 있어 늘
주의가 필요하다는 것을 그때 처음 알았다.) 승일의 무릎 통증
보다 더 걱정되는 것은 다시 휠체어에 타는 일이었다.
넘어져 주저앉은 바닥에서 휠체어에 올라가는 것은
여간 힘든 일이 아니었고, 술을 마셨기 때문에 몸을
움직이기가 더 어려웠다. 금방 초록불이 빨간불로 바
뀔 것 같아 불안했고, 길을 가던 사람들의 시선이 우
리에게 집중되어 창피하기도 했다. 지금이라면 어떻
게 보조해야 휠체어에 탈 수 있는지 잘 알고 익숙하게
도울 수 있지만 그때만 해도 휠체어와 승일의 몸에 대
한 이해가 높지 않았다. 낑낑대며 어찌저찌 승일은 다
시 휠체어에 올라갔고, 무릎을 확인해보니 양쪽 다 타

박상을 입은 상태였다. 이 일을 겪은 후로 나는 웬만해서는 서두르지 않는다. 서둘러 다니기에 한국의 길에는 휠체어 사용자에게 장애물이 너무 많다.

　나는 여행할 때 여행지에서 최대한 많은 곳을 둘러본다. 시간을 내어 여행을 하는 기회를 최대한 살려 많은 것을 보고 겪고 느끼는 것을 좋아한다. 하지만 승일과 만나고 나서는 여행하는 방식이 바뀌었다. 여행지 안에서 휠체어 사용자가 갈 수 있는 곳은 제한적이기에 편의시설이 갖춰진 숙소와 관광지 몇 곳을 찾아 그곳을 거점으로 두고 쉼을 충분히 갖는다. 조금 느리게 호흡하며 충분히 쉬는 여행도 매력적이지만, 그 이유가 편의시설로 인한 어쩔 수 없는 선택이라는 사실은 안타깝다.

　승일을 만나기 전에는 여행 준비가 그렇게 어렵지 않았다. 검색하면 나오는 맛집 정보는 넘쳐나고, '지역 이름'과 '가볼 만한 곳'을 함께 검색하면 지역별 유명한 관광지도 쉽게 찾을 수 있었다. 하지만 그런 정보들 속에 휠체어 사용자를 위한 정보는 부재했다. 휠체어 사용자가 여행을 가려면 준비하는 데 두 배 이상의 시간이 필요하다. 수만 팔로워가 있는 인스타그램의 핫한 맛집 탐방은 기대하기 어렵다. 음식의 비주

얼이나 식당의 분위기는 휠체어 사용자에게 중요한 정보가 아니다. 무엇보다 중요한 것은 휠체어가 편안하게 드나들 수 있는지다. 식당 입구에 계단이나 턱은 없는지, 만약 있다면 넘어갈 수 있는 정도인지 다양한 각도에서 자세하게 촬영한 사진을 확인해야 한다. 포털 사이트에서 식당을 검색해서 식당에서 제공하는 외부 및 내부 사진을 확인하고, 사진으로 정확히 알기 어렵다면 거리뷰를 본다. 언젠가는 식당 입구를 거리뷰로 확인하고 갔는데 식당이 없어져 있던 적도 있었다. 거리뷰가 실시간이 아니기 때문에 발생하는 변수를 체크하기 위해서는 식당에 직접 전화해서 확인까지 해야 한다. 밥 한번 먹기 참 어렵다.

식당보다 더 난이도가 높은 것은 숙소다. 식당은 오랜 시간 머무르는 곳은 아니기 때문에 진입과 식사에 무리가 없는지 정도만 체크하면 되지만, 숙소는 확인해야 할 게 훨씬 많다. 장애인 객실이라고 표기되어 있어 예약했는데 실제로는 장애인이 사용하기 편한 객실이 아닐 때는 일종의 배신감을 느끼기도 한다. 초기 숙소를 건축할 때 만들어 놓았던 모습과는 달라진 곳도 있고, 실제 사용자를 충분히 고려하지 않고 설계해 보기에는 그럴싸하지만 사용하기에는 2퍼센트 부족한 곳들도 있다. 펜션은 입구든 숙소 안이든 계단이 있는 곳이 많아 예약할 엄두를 내기 어렵고, 콘도는 그나마 나은 편이지만 현관 문턱이나 침대 유무, 화장실 문 폭 등 체크해야 할 사항이 많다.

언젠가 지인들과 함께 여행을 간 적이 있다. 지인이 숙소를 예약했고, 알아서 잘 알아보겠지 생각해 맡겼으나 도착해보니 휠체어 사용자가 머무르기 정말 불편한 곳이었다. 고지대에 있어 휠체어로 다니기가 어려워 차량을 이용해야 했고, 복도 바닥은 카펫으로 되어 있어 휠체어 바퀴가 힘을 내어 앞으로 나아가기 어려웠다. 방과 방 사이에는 턱이 있어 오갈 때마다 휠리*를 해야 했다. 미리 확인하지 못한 우리의 불찰도 있어 내색 없이 불편함을 감수했지만, 화장실은 정말 최악이었다. 워낙 오래 전에 지은 콘도라 화장실 턱이 너무 높고 문 폭도 좁아 휠체어의 접근 자체가 어려웠다. 어쩔 수 없이 승일의 턱 아래에 수건을 두르고 싱크대 앞으로 갔다. 승일은 휠체어에서 떨어지지 않을 만큼만 최대한 엉덩이를 앞으로 빼고 머리를

---

* 휠체어 사용자가 팔 힘을 이용해 휠체어 앞바퀴를 들어올린 상태로 균형을 유지하는 기술.

싱크대 가까이 붙였다. 나는 컵으로 물을 받아서 승일의 머리를 감기고 세수를 시켜주었다. 누가 보면 무척 다정한 부부라 생각할 장면이다. (물론 우리 부부가 다정한 것은 맞지만.)

신혼 초에 승일과 일본 여행을 다녀온 적이 있다. 승일이 일본어를 잘하기도 하고, 비행 시간이 그리 길지 않은 곳이라 선택한 여행지였다. (휠체어 사용자는 비행기 안에서 잠시 몸을 일으키거나 움직이는 것조차 어렵기 때문에 비장애인에 비해 몇 배의 고단함과 답답함을 느낄 수 있다.) 여행지로서 일본은 한국과 달랐다. 정확한 표현으로는 한국보다 좋았다. 휠체어 사용자가 갈 수 있는 곳이 많았고, 조심해야 할 곳은 적었다. 대부분의 식당과 매장 입구에 계단이나 턱이 없어 진입부터가 수월했다. 도로 정비가 잘 되어 있어 길을 다닐 때 휠체어가 걸려 넘어질 걱정을 하지 않아도 됐다. 사람들이 장애인을 대하는 태도도 눈에 띄었다. 휠체어 사용자가 지나갈 수 있도록 비켜서기도 했고, 문을 잡아주는 경우도 많았다. 편안하고 안전한 물리적 환경과 사회적 인식이 여러 모로 부러웠다.

더 좋은 곳, 더 예쁜 곳, 더 맛있는 곳이 아니라 '갈 수 있는 곳' 찾는 것도 쉽지 않다. 하지만 분명한 건 좌충우돌하더라도 똑같이 즐기고 누리고 싶다는 것이다. 특별한 여행을 원하는 것이 아니다. 장애인도 비장애인들이 즐기는 경험에 똑같이 접근하고, 똑같이 누릴 수 있으면 좋겠다. 만약 모든 여행지가 장애 친화적으로 바뀌어 휠체어 사용자도 어디든 가고 무엇이든 할 수 있게 된다면, 승일과 산과 바다로 떠나 자연을 느끼며 살아가고 싶다. 지금 당장 휠체어로 갈 수 없는 그곳에, 언젠가 승일과 함께할 수 있는 날을 꿈꾼다.

◆

우리 결혼할래요

장애인과 비장애인을 가리지 않고 주변의 많은 커플이 가족의 결혼 반대로 힘들어하는 모습을 봐왔다. 아침 드라마에 나올 만한 장면들을 상상하면 된다. 면전에 대고 험한 말을 한다거나, 뺨을 때리고 얼굴을 향해 물을 쏟는다거나. 부모님 없이 결혼식을 치르고, 가족 간의 인연을 끊는 경우도 허다했다.

우리 부부는 다행히 큰 어려움 없이 부모님의 허

락을 얻고 축복을 받으며 결혼했다. 하지만 부모님이 처음부터 우리의 결혼을 환영한 것은 아니었다.

나는 가족을 순차적으로 공략했다. 조금 더 나의 뜻을 존중할 거라고 생각되는 사람, 나의 선택과 결정에 믿음과 지지를 보낼 것 같은 사람부터 내 편으로 만들고 눈덩이를 굴려 키워나가듯 내 편을 늘려갔다.

가족 중 승일을 가장 먼저 소개한 것은 엄마였는데, 셋이 만나기로 약속한 하루 전날에서야 나는 엄마에게 승일이 장애를 가지고 있다는 사실을 이야기했다. 엄마는 승일이 휠체어를 탄다는 이야기를 듣자마자 만나지 않겠다고 했다. 조르고, 화내고, 울며 엄마를 겨우 설득했고 엄마는 '만나만 보겠다(허락은 하지 않겠다)'는 전제를 몇 차례 강조하며 억지로 승일을 만났다. 하지만 막상 승일을 만난 엄마는 승일에게 어떠한 나쁜 말도 하지 않았고, 우리의 관계를 반대하지 않았다. 여느 부모가 그렇든 가족 관계는 어떠한지, 부모님 연세는 어떻게 되는지 등의 이야기를 나누었다. 그렇게 차 마시고 이야기를 나누고 헤어지는 길에 엄마는 "아빠는 정연이를 끔찍하게 아껴서 쉽지 않을 거야"라는 말을 남겼다. 아, 이 말은 아빠는 반대할 수 있지만 엄마는 허락한다는 뜻이 아닌가. 우리는 천군만마를 얻었다.

　엄마 다음은 동생 부부였다. 동생 부부는 예상대로 수월했다. 술 한 잔으로 풀어진 분위기에 동생은 승일에게 "형님 형님"하며 자신이 아빠를 설득하겠다고 걱정 말라 큰소리를 치기도 했다. 하지만 아빠의 강한 반대에 동생은 우리를 배신했다. 아빠는 속상한 마음을 이겨내지 못해 눈물을 보이셨고, 아빠의 눈물을 처음 봤던 동생은 아빠 편에 섰다. 그때부터 아빠를 설득하는 시간이 시작되었다.

　나는 아빠에게 허락을 받기 위해 전략을 세웠고 승일과 나, 우리 둘을 잘 아는 사람들에게 도움을 청했다. 승일과 나의 직장 동료들이 나의 부모님에게 편지를 쓰기로 한 것이었다. 승일은 30대 초반 휠체어 사용자가 되면서 한국척수장애인협회에서 일하기 시작했고, 나와 연애를 하던 즈음에는 부장 직책을 맡고 관리자로서 조직에서 중요한 역할을 했다. 편지에는 승일에 대해 "일을 잘하는 배우고 싶은 선배이다" "따뜻한 마음을 가져 주변 사람을 편안하게 만든다" "일본어를 잘하는 능력자다" "협회에 없어서는 안 될 중요한 사람이다" 등등 좋은 이야기가 쏟아졌다. 어떤 사람들은 "정연과 승일은 정말 잘 어울린다" "둘이 같이 있는 모습을 보면 부모님께서도 덩달아 행복해지실 거다" 같은 이야기를 전해주었다. 나는 스무 통이 넘는 편지를 상자에 모아 부모님에게 드렸다. 부모님이 그 편지들을 꼼꼼히 읽으셨는지, 편지의 내용이 어떤 힘을 발휘했는지는 아직도 모른다. 하지만 부모님은 두 눈으로 직접 보지 못한 우리 둘의 행복한 '투 샷'을 편지로나마 상상하셨을 것이고, 그 상상이 승일과의 결혼을 허락하게 되는 첫 단추가 되었으리라 생각한다.

마음이 상했던 그 당시, 나는 아빠가 말을 하지 않으면 똑같이 말을 하지 않았고 아빠가 화를 내면 같이 화를 냈다. 어느 날은 나의 강한 의지를 보여준다며 가출도 했다. (집에서 아무런 연락이 오지 않아 조용히 혼자 다시 들어왔기 때문에 내가 가출했다는 사실은 아무도 모른다.) 하지만 시간이 지나고 나니 지혜롭게 아빠를 설득하지 않고 아빠와 똑같은 태도를 취하며 싸웠던 시간이 후회된다. 애지중지 키운 딸이 평생 함께 살겠다고 데려온 사람이 어떤 훌륭한 조건을 가졌더라도 성에 차지 않았을 아빠의 심정을 그땐 미처 생각하지 못했다.

결국 아빠를 설득하는 데 집안의 가장 큰어른인 고모가 나섰다. 아빠와 나로 인해 집안 분위기가 좋지 않아 힘들다는 엄마의 SOS에 전주에 사시는 고모가 상경하셨다. 나는 이때다 싶어 영등포역으로 고모의 마중을 나갔고, 고모를 모시고 승일이 기다리고 있는 식당으로 갔다. 승일과 나의 마음을 확인한 고모는 다음날 가족을 소집시켰다. 그리고 아빠에게 이야기했다. "잘 살든 못 살든 자기 복이다. 자기들이 좋다고 하는데 그냥 결혼시켜라." 그러자 아빠가 서글프게 울기 시작했다. 그제야 나는 아빠에게 진심으로 허락을 구했다. 아빠를 힘들게 해서 미안하다, 잘 살겠다는 말과 함께. 약간의 시간이 필요하긴 했지만 그렇게 엄마, 동생, 아빠 모든 가족이 우리의 결혼을 축복했다.

결혼 허락을 받고 나니 마음이 급했다. 가장 마음을 열기 어려워한 아빠가 마음을 바꿀까 불안해 허락과 동시에 결혼 준비를 시작했다. 한여름에 손님들 모신다고 부모님은 싫어하셨지만, 우리는 결혼 준비에 속도를 내어 허락을 받고 3개월 만인 7월 초에 결혼식을 올렸다.

가장 많은 고민의 시간이 필요했던 것은 결혼식장을 결정하는 일이었다. 승일의 하객 중 휠체어 사용자가 많아 우리는 편의시설을 최우선으로 고려하기로 했다. 보통 예식장은 대부분 짧은 시간 동안 일정에 맞춰 바쁘게 움직여야 한다. 예식 후 또 다른 예식이 이어지며 붐비는 인파를 피하고 싶었다. 또한 대부분의 예식장에서는 신랑 신부가 잘 보이도록 높은 단 위에서 예식을 진행하는데, 승일이 오르기 어렵다는 점도 걱정되었다. 휠체어 사용자가 편하게 오갈 수 있는 공간을 고민하다 결국 우리를 인연 맺게 한 장소, 각자의 회사가 속한 건물의 지하 강당을 빌려 결혼식을 올리기로 했다.

결혼식 사진을 다시 보면, 수십 년 전 어느 마을 회관에서 결혼한 것마냥 평범한 풍경에 웃음이 난다. 아름다운 꽃 장식도 화려한 조명도 없다. 하지만 지금 생각해봐도 잘한 선택이었다. 장애인단체들이 모여 있는 건물이다 보니 장애인 주차장도 충분했고, 장애인 화장실이나 엘리베이터 등 기본적인 편의시설도 잘되어 있었다. 무엇보다도 우리의 인연이 만들어진 곳에서 결혼한다는 것 자체가 특별하고 설레는 일이었다. 지금도 업무를 위해 가끔 그 건물에 갈 때마다 우리의 결혼식이 떠오른다. 아마 승일과 나는 결혼식 후 결혼식장에 가장 자주 가는 사람들이 아닐까 싶다.

결혼식은 드레스와 메이크업만 전문 업체에 맡기고 나머지는 우리 손으로 직접 준비했다. 돌이켜보면 드레스와 턱시도를 골랐던 과정이 아쉽다. 드레스 샵에 휠체어가 들어갈 수 없어서 나는 드레스를 입은 모습을 승일에게 보여주지 못했다. 승일은 드레스 샵 1층 한쪽에 있는 주차장에서 턱시도를 입어봤다. 거울도 없어 턱시도 입은 자신의 모습을 확인하지 못한 채 내가 선택한 턱시도를 입었다. 시간이 조금 더 들더라도 휠체어 접근이 가능한 샵을 알아볼 걸, 후회되는 순간이다.

우리는 주례 없는 결혼식을 했다. 연애할 때부터 우리를 곁에서 지켜보며 축복해준 지인이 사회를 봐주었다. 아빠가 성혼 선언문을 낭독하시고, 승일의 아버지가 축하 인사를 해주셨다. 승일과 나는 동시 입장했다. 승일의 무릎 위에 부케를 맡기고, 드레스를 잡는 대신 승일의 휠체어를 밀며 함께 행진했다. 둘이 함께 상의하고 약속한 것을 기록한 혼인서약서를 읽었다. 서약서를 담는 케이스도 하드보드지를 오리고 붙여가며 핸드메이드로 만들었고, 퇴장할 때 뿌리는 플라워 샤워도 우리가 직접 만들었다. 온전히 우리의 손으로 만들고 채우는 결혼식이었다. 행사장 스탭도 두 명뿐이었기에 나와 승일의 직장 동료들이 각자 역할을 맡았다. 음악을 틀고, 플라워 샤워를 던지고, 피로연장을 안내하는 일을 동료들이 역할을 분담해 맡아주었다. 결혼사진 촬영도 지인이 해주었다. (그 지인이 너무 바빠 인화된 사진은 거의 1년이 지나 받을 수 있었다! 하하하.) 결혼사진을 촬영할 때는 승일과 나의 시선과 높이를 맞추기 위해 내가 의자에 앉았다. 조명도 없는 곳에서 찍은 결혼사진이라 신랑 신부의 미모가 현실 그대로 담겼지만, 승일과 나, 친구와 동료들이 함께 손을 모아 준비하고 치른 결혼식이라 소중한 기억이다.

'웃픈' 에피소드도 있다. 승일은 결혼식이라고 평소와 다르게 무릎 위에 올려놓는 소변백*을 사용하지 않고 바지 속 다리에 차 보이지 않게 했는데, 이 소변백이 샌 것이다. 예식이 끝나고 승일의 바지가 온통 젖은 사실을 확인했다. 장애인 화장실에서 씻고 옷을 갈아입고 수습을 하고 나왔을 때는 시간이 많이 흘러 이미 하객의 절반이 결혼식장을 떠난 후였다. 가족들과 친한 친구 몇 명만 우리를 기다리고 있어 다른 하객들과는 인사를 많이 나누지 못했다.

신랑 신부가 사라졌다며, 빠르게 신혼여행을 간

---

* 척수장애인인 승일은 방광을 뚫고 호스를 연결해 소변을 빼내는 방식으로 소변을 본다. 무릎 위에 소변백이 늘 있고, 소변백을 비우는 일이 화장실을 가는 것이다.

줄 알았단 사람도 있었으나 우리는 모든 손님들이 가는 것을 보고 천천히 신혼여행을 떠났다. 신혼여행지는 경기도 양평과 강원도 강릉. 둘이 연애할 때 처음 갔던 여행지를 그대로 신혼여행 코스로 정했다. 멀지 않은 곳으로 신혼여행을 가서 그런지, 승일과 나의 지인 두 무리가 신혼여행지에 놀러와 함께 고스톱도 치고 술도 마시며 재미있는 시간을 보냈다.

결혼식 후 가장 기억에 남는 것은 아빠의 변화였다. 아빠는 결혼 전부터 주례 없는 예식에 대한 불만이 있으셨다. 아빠가 다녀본 결혼식에 주례가 없는 경우는 없었기에, 기본적인 격식도 갖추지 않는 예식으로 느껴진다고 하셨다. 하지만 결혼식 후, 아빠는 너무 좋았다며 연신 웃으셨다. 서두르지 않아도 되는, 휠체어 사용자들도 편하게 있을 수 있는 공간에서 결혼 예식을 양가 부모님과 우리가 오롯이 채울 수 있었기 때문이다. 우리는 그렇게 우리만의 결혼식을, 우리가 처음 만난 곳에서 특별하게 치렀다.

살림하는 남편과 함께 살고 있습니다

사랑해서 결혼했는데, 결혼한 후 함께 살며 서로에 대한 환상이 깨지는 경우가 있다. 대한민국 기혼 여성이라면 무엇보다 남편과 가사 분담을 하며 절망을 느꼈을 것이다. 평생을 잔소리해도 바뀌지 않는 빨래통 속 뒤집어진 양말부터, 주말이면 새벽같이 축구공 들고 나가서 해질녘에 들어와 독박 육아를 선물하는 일까지. 최근 들은 명언이 있다. "남편이 집안일과 육아를 나와 함께 하는 공동 대표인 줄 알았는데, 알고 보니 인턴이더라." (대한민국의 많은 워킹맘이 무릎을 칠 만한 비유다.)

하지만 나와 승일은 집안일로 다툰 적이 없다. 흔히들 승일이 휠체어를 타기 때문에 집안일이 온전히 나의 몫일 거라고 생각하는데, 오히려 반대다. 나는 승일에 비해 외부 활동으로 에너지를 충전하는 스타일이라 사람을 많이 만나고, 바깥 활동도 많은 편이다. 그렇게 내가 집을 비우는 사이 승일은 집안일에 분주하다. (나는 MBTI가 앞자리가 외향적인 E고, 승일은 내향적인 I다.) 승일과 나의 집안일 분담 기준은 명확하다. 휠체어를 타고 편하게 할 수 있는 집안일은 승일 몫이고, 승일이 휠체어에서 하기에 어려운 집안일은 나의 몫이다.

승일은 특히 빨래하는 걸 좋아해서 일주일에 한두 번 세탁기를 돌리고 빨래를 탁탁 털어 건조대에 가지런히 널어놓는다. 다 마른 빨래는 각을 딱딱 잡아 개서 드레스룸에 정리한다. 다림질이 필요한 옷은 칼주름을 만들어가며 다리고, 보풀이 올라온 옷은 보풀제거기로 새옷처럼 만든다. 냉장고를 열어 오래된 음식을 정리하고, 간식으로 먹을 고구마를 삶는다. 고기를 굽거나 부침개를 부치는 등 불 앞에 서서 기름이 튀는 요리는 승일의 몫이고, 나는 요리가 끝난 주방을 정리하고 설거지를 하는 편이다. 화장실 세면대 물이 잘 빠지지 않을 때 승일은 장비를 꺼내 세면대 속에 가득 찬 머리카락과 찌꺼기를 꺼내고, 일주일에 한번 거실과 침실의 쓰레기통을 비운다. 누가 어떤 집안일을 할지, 우리가 가사를 공평하게 나눠야 한다든지 이야기를 나눈 적은 없다. 다만 각자 경제활동을 하며 한 집에 살아가는 운명 공동체로서 우리는 자연스럽게 서로의 곁에 동료로 함께 살아간다.

장애인과 함께 사는 삶이 고단함이나 불행으로 가득할 것이라는 생각은 장애인의 삶을 모르는 무지에서 출발한다. 휠체어를 사용하는 사람을 둘러싼 일상을 비장애인이 모두 대신해줘야 한다거나 책임져야 한다는 생각은 틀렸다. 장애 유형이나 정도에 따라 차이는 있겠지만, 사람들이 상상하는 것보다 비장애인이 책임져야 할 장애인의 일상은 크지 않다. 적어도 나의 경우는 그렇다.

친구들에게 승일과의 연애를 밝혔던 그때, 내게는 일종의 오기 같은 것이 있었다. 나의 선택이 잘못되지 않았다는 것을, 승일의 장애가 우리의 사랑이나 결혼생활에 결코 짐이 되지 않다는 것을 보여줘야겠다는 오기. 하지만 지금 나에게 그런 오기는 없다. 나와 승일의 결혼생활은 그냥 그 자체로 특별하면서도 평범하다는 것을 모두가 안다. 오래 전 나의 연애 소식에 안색이 어두웠던 친구들까지도.

◆

함께 살아가는 공간을 만드는 일

영등포구 양평동에 위치한 전셋집에 살던 때였다. 어느 날 갑자기 집주인에게 전세 보증금 1억 원을 올려 달라는 연락을 받았다. 내 집 없는 설움을 느끼기도 잠시, 승일과 나는 집주인의 횡포가 괘씸해 보증금을 올려주는 대신 이사를 가기로 했다. 집을 알아보기로 한 날, 승일은 급한 회사 일이 생겨 함께하지 못했고 지인들과 집을 보러 다니게 되었다. 지인들은 휠체어를 사용하는 부부로, 차로 함께 이동하며 휠체어 사용자가 살기 편한 동네인지를 체크해주었다.

그러다 마음에 드는 집을 발견했다. 한 동짜리 주상 복합 아파트였는데, 평소 우리가 생각한 조건들을 갖추고 있었다. 이전에 살던 집은 엘리베이터가 한 대밖에 없어 고장이 날 때면 승일의 발이 묶이기 일쑤였다. 외출 후 몇 시간을 집에 들어가지 못하고 엘리베이터 수리를 기다린 적도 있었다. 그런데 이 집은 엘리베이터가 두 대였다. 주차장은 지하 5층까지 있고 각 층마다 장애인 주차장이 한 칸씩 있었다. 신혼부부와 돌도 되지 않은 어린 아기가 살고 있던 집이었는데, 문턱이 없었고 화장실 폭도 충분해 보였다.

승일에게 마음에 드는 집을 발견했다고 연락했고, 승일이 퇴근한 후 집을 한 번 더 보러 갔다. 외부에서 사용하는 휠체어를 타고 다른 사람 집에 들어가는 일이 실례라 승일은 현관에서 최대한 목을 빼고 집안

곳곳을 둘러봤다. 1분이나 되었을까 승일은 잘 봤다며 인사를 했다. 그리고 부동산에 가서 가계약을 했다. 얼결에 우리는 전세살이를 벗어나 내 집 마련을 하게 되었다. (물론 집의 절반은 은행 것이지만.)

이 집에는 방이 세 개 있고 각각 침실, 서재, 드레스룸으로 사용한다. 이사하고 나서 승일에게 맞춰 따로 공사를 하지는 않아 승일이 갈 수 없는 공간이 두 곳 있다. 침실 안에 있는 화장실과, 이런저런 물건을 정리해둔 창고. 둘 다 문 폭이 좁아 휠체어가 들어갈 수 없다. 그래서 승일은 전에 살던 사람들이 욕조를 제거해 휠체어가 진입하고 회전하기 편한 넓은 거실 화장실을 주로 사용한다. 입구가 약간 타이트해 문을 떼었고, 그 자리에는 커튼을 달았다. 커튼이 시야는 가려주더라도 소리와 냄새는 막을 수 없기에 손님들은 침실 안 화장실을 사용한다. 사적인 공간인 침실에 있는 화장실이라 처음 온 손님들은 당황하거나 어색해하지만, 자주 오는 손님들은 익숙하게 침실 문을 열고 화장실을 사용한다.

이사하면서 이전 집에서 사용하던 소파는 당근으로 나눔을 했다. 승일이 종종 휠체어에서 소파로 옮겨 앉기도 했으나, 아무래도 휠체어에 앉아 있을 때가 가장 편하기 때문에 소파를 두는 게 내 욕심으로 느껴졌기 때문이다. 당근에 소파를 나눔한다고 올리니 1분도 안 돼서 원하는 사람이 나타났고, 그날 저녁 바로 소파를 가져갔다. (당시 당근을 처음 해본 나로서는 카트까지 챙겨오는 모습이 너무 전문가 같아서 당황했었다. 소파를 가져다가 되파는 것은 아니겠지 살짝 의심까지 할 정도로.)

그렇게 소파를 없앤 자리에는 테이블을 두었다. 테이블 한 면을 벽에 붙인 후 승일이 앉는 방향에는 의자를 두지 않고, 내가 앉는 방향에는 의자를 두 개 두었다. 테이블을 처음 들이던 날, 이제야 휠체어 사용자가 사는 집 같다며 만족해하던 승일의 표정은 조금 귀엽기도 했다. 이 테이블에 마주 앉아 우리는 밥도 먹고, 술도 마시고, 고기도 구워 먹고, 텔레비전도 보고, 게임도 한다. 주방 가까운 데 식탁이 있지만 굳이 거실에 있는 테이블에 반찬과 밥, 국을 나르며 상을 차린다. 외출하지 않고 집에 있을 때 가장 시간을 많이 보내는 곳이다.

우리의 테이블 옆에는 안마의자가 있다. 신혼 초부터 승일이 노래를 부르던 것이었다. 물건에 대한 특별한 욕심이 없는 승일의 요구라 들어주고 싶었지만, 안마의자가 차지하는 부피가 너무 커서 선뜻 동의하기 어려웠다. 이전에 살던 집 앞 24시간 무인 빨래방 안에는 안마의자가 있었다. 2000원을 넣으면 10분 남짓 안마를 해주는 기기였는데, 승일은 그곳에 빨래를 하는 게 아니라 안마를 받으러 가고는 했다. 아, 정말 간절히 갖고 싶어 한다는 것을 그때 알았으나 집이 좁아 놓지 못했다.

하지만 이사를 하면서 드디어 안마의자를 들일 수 있었다. 거실이 꽉 차서 답답하게 느껴지기도 하지만 안마의자에 앉아, 아니 거의 누워 안마를 받으며 시원해하는 승일을 보면 잘한 일이라는 생각이 든다. 아무래도 자는 시간을 제외하고는 하루 종일 휠체어에 앉아 생활하고, 몸의 관절 여기저기를 자유롭게 사용하거나 스트레칭을 할 수 없으니 승일에게는 꼭 필요한 물건일 것이다. 나도 그 덕에 안마를 받으며 시원함을 누리고 있다. 게다가 이 안마의자는 우리 집을 찾는 손님들에게 가장 인기가 많은 공간이다. 함께 술을 마시다 사라지는 사람은 어느새 안마의자와 하나가 되어 있다.

자주 쓰는 물건은 집안 곳곳 승일의 눈높이에, 손이 닿는 곳에 있다. 다만 자주 쓰지 않거나 떨어지면 채워두어야 하는 물건은 승일이 들어가기 어려운 창고에 있다. 샴푸, 치약, 물티슈, 소변백, 화장지, 두유 같은 소모품들인데, 내가 창고지기 역할을 하며 리필 요청이 있을 때 채워놓는다. 창고 안의 물건이 떨어지면 구매하는 것은 승일의 몫이다. 어떤 물건이 없다고 발주를 하면, 다음 날 문 앞 배송을 시켜둔다. 택배를 뜯고 물건을 다시 정리하는 것은 나의 몫이다. 돌아보니 2인 1조로 아주 업무 분장이 잘되어 있단 생각이 든다. 이건 나의 일, 저건 너의 일이라고 정리한 적은 없으나 승일이 할 수 있는 일과 할 수 없는 일이 기준이 되어 자연스럽게 역할이 나뉘었다.

이사하면서 싱크대는 공사를 해서 새롭게 바꿨는데, 고민 끝에 하지 않은 선택이 아직도 살짝 후회스럽다. 보통의 싱크대는 휠체어 사용자인 승일에게 살짝 높은 편이고, 승일이 설거지를 할 수 있으려면 싱크대 밑 공간을 파서 휠체어가 싱크대 아래로 들어갈 수 있도록 개조해야 한다. 이 점을 생각하지 않았던 것은 아니었는데, 결국은 개조되지 않은 기본 싱크대를 설치했다. 승일과 나에게 모두 편한 싱크대이려면 높낮이 조절이 가능한 전동 시스템이 필요해 비용이 부담됐기 때문이다. 승일이 고기를 굽거나 전을 부칠 때면 싱크대가 살짝 높은 편이라 프라이팬이 한눈에 들어오지 않아 불편함을 느끼고 있다. 다음에 이사하는 집에서는 꼭 싱크대를 개조하겠다는 마음을 먹었다. 불편한 것이지 요리나 설거지를 못하는 것은 아니라서 승일은 지금도 괜찮다고 하지만, 승일이 더 편하게 집안일을 할 수 있는 환경을 만들어야 공평한 가사노동 분배가 가능하다는 것을 그간의 결혼생활로 깨닫게 되었다. 이전 집은 휠체어로 베란다 드나들기가 불편해 승일이 빨래를 널거나 개는 일을 하지 않았는데, 지금 집은 베란다 접근성이 좋아 승일이 빨래의 총괄 책임과 실무를 모두 맡고 있다. 이불 빨래, 옷 빨래, 널고 개는 것까지! 세탁소에서 사용하는 옷걸이봉 하나를 사두었더니 빨래의 신이 다 되었다.

어느 주말 SNS에 승일이 빨래하는 모습을 보며 맥주를 마신다는 포스팅을 올렸더니 "백정연 씨 나쁜 사람"이라는 댓글이 달렸다. 왜지? 성실히 집안일을 하는 남편은 칭찬받아 마땅할 텐데, 장애인에게 집안일을 하게 하는 비장애인은 나쁜 사람인 건가 의아했다. 장애인에 대해, 장애인의 일상에 대해 더 많이 보여주고 알려야겠다고 생각했다.

장애인과 함께 살아가는 비장애인의 삶은 많은 희생이 필요할 거라고 생각하는 사람들이 있다. 그런 사람들은 장애로 인해 할 수 없는 것은 비장애인의 몫이 될 거라고 생각한다. 하지만 승일과 나는 그 누구도 서로를 위해 희생하지 않았고, 앞으로도 그럴 것이다. 승일의 장애는 우리 삶에 계속 존재할 것이고, 우리에게 진짜 '장애'가 되는 것은 승일의 장애가 아닌 '사회의 시선과 환경'이다. 오늘도 우리는 서로를 다정히 바라보며 하루를 마무리한다. 그래, 승일은 정말로 나의 운명이었다.

다음에 만나도
정신질환자겠지만
우리는 결코
헤어지지 않는다

◆

리단

정신질환과 제반 문화를 연구하는 작가.
병이라는 외국어를 언어로 풀어내며 공유한다.
중증의 정신질환 당사자로서 정신질환자들의 다양한
관계망을 조명하며 병의 이면에 가려진 생활과 삶의
중요성을 고민한다.

정신질환이 있는 사람을 좋아합니다

나는 정신질환자며, 일부러 정신질환이 있는 사람과 연애를 한다. 사람들은 이 사실을 의아하게 생각하고, 왜 건강한 사람을 만나지 않느냐고 한다. 그러나 내게 정신질환이 있는 이들은 언제나 좋은 친구가 된다. 정신질환이 있는 가족은 좋은 말상대가 된다. 세간에서는 정신질환자들 또한 다른 여러 집단과 마찬가지로 서로를 지탱하고 의존하며 하나의 사회를 만들어나간다는 점을 놓치곤 한다. 사람들은 정신질환을 가진 이들이 사회적 관계를 맺는다는 사실, 경제활동을 하는 사회 구성원이 되어 일한다는 사실을 잘 믿지 않는다. 아니, 무시해버린다.

그럴 때면 나는 언제나 그 편견을 깨고 밟아서 조

각을 내고 믹서기에 갈아버린 다음 길거리에 뿌려주고 싶다. 그들의 눈에 정신질환자들은 언제나 미숙하고, 충동적이고, 회복 속도가 느리고, 기복이 심하고, 스트레스에 취약한 이미지로 남아 있다. 이런 시선은 사실 여하를 떠나 정신질환자의 삶을 길고 연속적인 차원에서 생각하지 못하게 하며, 사회로의 재진출과 회복을 곤란하게 하고 대인 관계를 비롯한 여러 활동을 막는다.

나는 '정신질환자들이 사회적 편견에 차별받아서는 안 된다'는 오래된 권리를 주장하기 위해 이 글을 쓰는 것은 아니다. 이미 많은 정신질환자들과 주변인들이 사회적 편견에 저항하는 방식으로 관계 맺고 있다. 이들은 숨만 쉬고 있어도 이 사회의 시스템에 저항하는 투사가 된다. 다만 내가 새롭게 주목하는 것은 정신질환자들의 관계 맺는 방식, 서로 도움을 주고받는 형태, 나아가 정신질환이 있기 때문에 '가능한' 인식들에 관한 것이다. 이는 정신질환의 유무를 떠나 비정신질환자나 사회성이 결여된 이들을 비롯한 여러 사람에게도 자신의 관계를 안정적이고 깊게 만드는 데 유용할 것이다.

나는 정말로 미친 실용주의자이고, 미친 낙관주

의자이다. 이 두 가지 성질은 내가 중증의 정신질환을 가지고 있음에도 불구하고 계속해서 살아갈 수 있도록 도왔다. 이처럼 우리는 정신질환자들이 삶을 계속하기 위해 만들어낸 장치, 여러 가지 착안과 아이디어를 빌리고 그 정보를 공유함으로써 살아갈 수 있다.

이 글은 정신질환자와 정신질환자, 정신질환자와 비정신질환자, 둘 다 정신질환이 있으나 한쪽은 경증이고 한쪽은 중증인 경우 등 정신질환자와 함께 살아가고 관계 맺는 모두를 위한 조언이다. 정신질환이 있는 이들과 함께하는 방법을 설명하는 것이 주된 목표이지만, 궁극적으로 사회적으로 결함이 있다고 여겨지는 한 사람이 타자와 매개하고, 관계하며, 이를 유지하고 지속하는 일에 관한 이야기가 될 것이다.

정신질환자가 서로 친밀한 결속을 이루는 관계를 맺고 있을 때, 이들은 누구보다 강한 책임감을 가지고 상대에게 임한다. 물론 좋지 않은 사례도 있을 것이다. 너무 이르게 미래(동거나 결혼 등)를 논하거나, 정신병이 함께 악화되거나, 둘 다 생활을 포기하거나, 한 사람이 다른 사람에게 너무 많은 감정적 케어를 해야 하는 일이 생기기도 한다. 하지만 아이러니하게도 다른 관계보다도 정신질환이 있는 이들은 서로의 관계를 쉽게 포기하지 않는다.

왜 쉽게 포기하지 못했던가? 정신질환이 있는 나와 상대 모두 굴레를 짊어진 것처럼 힘겨운 나날을 보냈지만 서로를 버리고 멀어지진 않았다. 우리는 남들이 보기엔 우스울지 모르는 생활을 지키기 위해 살아갔고, 저절로 망가지는 모래성 같은 일상을 영위하기 위해 버텼다. 나는 이런 친밀한 관계들이 자신보다 서로를 지키기 위해 힘들게 유지되는 것을 자주 목격했다.

반면 어떤 관계는 가볍고 길게 지속되기도 한다. 내 오랜 친구들 중 절반 이상은 정신과 통원 치료를 한 지 10년 이상 된 훌륭한 정신병자들이다. 우리는 만나면 으레 지금 복용하는 약 이야기를 하며 웃음꽃을 피우고, 신약의 부작용을 설파하며, 새로운 항우울제를 추천한다. 최근 우리는 신약 스타브론과 아고멜라틴에 대해 논의했다. 멜라토닌 계열에 작동하는 아고멜라틴에 관해 이야기하며 정말 먹으면 잠이 오는지를 토론했다. 잠 못 드는 우리는 자연스럽게 수면장애와, 쉽게 잠드는 연인에게 드는 질투와 시샘이 섞인 자조를 이야기했다. 스타브론에 대해서는 절레절레 고개를 흔든다. "요새 나온 약이 더 안 들어." 그러면서 우리는 웃는다. 이 감정을 누구와 나눌 수 있겠는가.

정신질환에 대한 이야기를 일상적으로 나눌 수 있는 존재는 정신질환과 아마 영원히 함께해야 할 이들에게 큰 지지와 힘이 되어 준다. 나는 정신질환이 있는 상대와 비로소 평등하고 동등한 관계를 맺을 수 있다고 느낀다. 그러므로 상대방이 정신질환이 있는지는 아주 중요한 정보다. 내가 알고 있는 사람은 자신의 병을 밝혔을 때 가장 인상 깊었던 상대방의 반응이 다음과 같았다고 한다. "네가 조현병이어도 난 상관없어. 괜찮아! 나도 환각 보잖아?" 이렇게 말하는 웃음 띤 얼굴을 보며, 그리고 각자의 환각 이야기를 나누며 그는 '저 사람이라면 나를 받아줄 수 있을 것 같다'는 안심을 느꼈다고 한다.

정신질환을 앓는 이들은 함께 세상을 헤쳐나가는 동지이며, 손을 잡고 병의 세계를 나아가는 파트너이자, 병으로 인한 장벽에 부딪혔을 때의 마음을 누구보다 잘 헤아리는 든든한 존재다.

이 관계는 편파적이다, 나는 그것이 마음에 든다

관계를 논할 때, 사람들은 흔히들 관계가 공평하기를 바란다. 주고받는 비율이 비슷하길 원하는 마음은 자연스러운 것일 듯하다. 그러나 이 당연해 보이는 '공평'이 정말로 관계에 필수적인 가치일지 묻는다면 조금 답하기 어렵다.

왜냐하면 나는 더 많은 사람들이 공평하지 않고 균형 잡히지 않은, 이른바 '편파'에 근거한 애정을 주고받길 권하기 때문이다. 받아본 사람이 실천할 수 있다. 여기에 더해, 자신 또한 타인에게 그러한 무궁무진한 애정을 베풀 수 있는 존재임을 포기하지 않았으면 한다. 이러한 애정 공세는 전혀 공평하지 않다. 하지만 모든 걸 내어주고 그것이 온전히 전달되지 않았더라도 기쁘게 받아들이는, '불균형'한 상태가 때로는 누군가를 구할 수 있다.

정신질환의 유무를 떠나 많은 이들이 균형을 잃는 상황, 균형을 잡지 못하는 기울어진 상태를 '통제나 제어에서 벗어났다' '의존적이며 독립성을 침해한다'며 두려워한다. 하지만 이건 두려워해야 하는 상황이

204

아니다. 누군가의 사랑을 받을 때 이를 수용하는 방법을 배워가야 한다. '왜 나를 사랑하지?' 같은 의심과 질문에 매몰되지 않고 그대로 받아들이는 것이다.

병증에 대해 논할 때, 사람들은 흔히 병자의 미래가 불투명한 점이나 예측 불가능한 점 등을 들어 정신질환으로 인한 문제들을 관계에서 다루기 어렵다고 생각한다. 많은 정신질환자들도 이에 동의하는 편이다. 하지만 오늘날 한국사회에서 미래에 대해 두려움을 가지지 않을 수 있는 이들이 얼마나 될까? 정신질환자가 아니더라도 거의 모든 이들이 미래에 대한 불안감을 느낄 것이다. 그러나 사람들은 가뜩이나 불투명한 미래 계획에 정신병이라는 변수가 생기고 영향을 끼치는 일을 피하고 부정하고 소거시키고 아예 없던 일처럼 만들고 싶어 한다.

물론 정신질환은 필연적으로 변동과 돌변의 성격을 가지고 있다. 돌발적이고 급속하며 점성이 있는 듯 떨치기 어렵다. 그러나 상황을 조금 다르게 보면 다른 지평이 열린다. 미래의 변수에 대한 수용성과 유연함을 더 많이 배양한 이들의 공통점은 과거 불행한 경험이나 나쁜 상황을 겪어냈다는 것이다. 병을 앓아보거나 지위의 변동을 체험한 이들은 역설적으로 변수에 더 수용적이고 유연하게 대처할 수 있으며, 사회에서 자신의 쓰임새를 잘 발휘할 수 있다. 이들이 더 나은 선택을 내릴 수 있다는 가능성을 배제하는 것, 그들이 낙오되었거나 탈락했다는 오명을 씌우는 것은 불공평하다.

돌봄을 논할 때, 정신병이 있는 사람은 필연적으로 깊은 상호 돌봄을 경험하게 된다. 이 돌봄은 언제나 쌍방으로 균형 잡힌 채 이뤄지지 않기도 한다. 나는 한 달 아팠는데 상대는 1년 동안 기능하지 못하면 정말 힘이 든다. 누군가는 도움을 주었다고 생각하지만 도움을 받은 당사자는 같은 해석을 하지 않을 수도 있다.

하지만 나는 도움을 받은 사람들이 회복기나 관해기*에 좀 더 이기적으로 생각할 수 있길 바란다. 자신을 회복하는 일은 스스로를 안정적으로 만드는 데 그치지 않는다. 자신에게 도움을 준 이에게 되돌려주지 못해도, 또 다른 사람들을 도울 수 있는 여력을 갖출 수 있다. 어떤 이들은 우리가 진정 성숙해야 돌봄이 오갈 수 있다고 믿고, 그렇기에 정신질환자들은 나약하고 유약한, 미성숙한 자아와 자의식으로 인해 절

---

*   병이 안정화되는 시기.

대로 돌봄을 상호 대등하게 주고받을 수 없다고 말하기도 하겠지만, 나는 그 견해에 반대한다.

많은 사람들이 두 정신질환자가 함께할 때의 이득이 그렇지 않을 때보다 적다고 생각한다. 정신질환은 늪이나 구덩이 같은 것이고, 늪을 다른 늪과 합쳐봤자 더 넓은 늪밖에 되지 않냐는 것이다. 이 말도 분명 일리가 있다. 우울증이 있는 두 사람이 함께 살며 서로에게 필요한 적절한 활동이나 식사, 수면 등을 조절하는 데 실패할 경우 상황이 변화하지 않고 지속되기도 하기 때문이다. 양쪽 모두 난관에 봉착할 때 사람들은 그 관계를 두고 '위험하다' '도움이 되지 않는다' '악순환' '자해적 관계'라고 말한다.

그러나 나는 이렇게 생각한다. 자해적 관계가 해롭다는 것은 누구나 말할 수 있다. 하지만 이 관계가 앞으로도 쭉 '자해적' 양상을 띨지 어떻게 그렇게 확신하는 것일까? 그들이 계속 같은 문제로 싸웠고, 고통받았으며, 해당 문제가 향후에도 지속될 것이기 때문에? 이러한 문제는 비단 정신질환을 가진 이들만이 겪는 것이 아니다. 모든 관계에는 약점이 있다. 깨져버린 부분이 회전하면서 그 모습을 드러낼 때, 사람들은 저구슬은 이미 깨졌군, 하며 다른 관계를 찾는다. 하지만 그 조각난 부분이야말로 정신질환자들이 정신을 차리게 하는 우리의 일부이다. 그 조각들은 살면서, 시간이 흐르며, 관계가 깊어지며, 긴밀한 사이가 되고 서로 도우면서 생겨나는 새로운 결정들로 채워진다.

우리가 발을 들여놓은 곳은 이러하다. 선악의 이분법으로 절대 나눌 수 없는 곳. 나와 상대의 경계가 흐린 곳. 매번 전쟁처럼 삼엄한 곳. 그래서 아무도 들어오지 않는 철옹성의 경계선. 비겁하고 비열한 이야기가 오가는 곳. 공격성이 드러났다가도 천진난만하게 숨는 얼굴. 악하고 약한 자들. 모순된 선악을 실천하는 이들. 피해와 가해를 차례대로 주고받는 사람들이 만드는 단어와 낱말은 종종 기이하기도 하고 난해하기도 하지만, 이 이해할 수 없는 이야기를 우리는 오늘도 주고받고 있다. 내가 손해를 본 오늘이 훗날의 보살핌받는 미래가 될지 모른다. 고마움과 미안함을 주고받으며 우리는 서로의 상흔을 이해하게 된다.

우리가 이해득실과 손익분기를 따지는 이유는 그것이 일견 정당해 보이기 때문이다. 수치적으로 따져 숫자의 균형을 맞추면 결과적으로 공평할까? 많은 사람들이 대체로 50 대 50을 바란다고 말하지만, 정말일까? 사람들은 최대 50퍼센트를 상대에게 '제공한다고', 얼추 절반의 몫을 하니까 괜찮다고 생각하고 싶어 한다. 그러면 절반 이상의 역할을 하는 사람은 불만이 있을까? 숫자로는 관계를 완전히 해석할 수 없다.

나는 늘 긴밀한 사이가 된 정신질환이 있는 연인과 어디까지 서로의 병증의 바닥을 보여야 하는지, 그래도 될지 많은 고민을 해왔다. 나와 나의 연인은 완전히 다른 증상을 가지고 있었고, 대처법도 달랐다. 종종 누가 더 환자인지, 누가 더 피해자인지를 두고 싸우기도 했다. 서로 상처를 주면서 다퉜던 이유는 역설적으로 두 사람 모두 상대가 자신을 이해하기를 바라는 소망이 있었기 때문이다.

내게는 과거에는 연애 관계였지만 시간이 많이 지난 지금, 친밀하지만 연인이 아닌 애매한 친구들이 있다. 병이 더 악화되거나, 손쓸 수 없이 번져 예기치 못한 사건이 생기거나, 갑작스런 죽음으로 이어지지 않기 위해 우리는 관계를 유지하게 되었다. 어떤 사람들은 정신질환자들이 왜 이런 복잡한 관계망에 얽혀 있는지 이해하지 못한다.

하지만 우리는 시간이 깊어질수록 이해하게 되었다. 연인이 아니어도, 연인이 아니어서 이어지는 이 관계를. 연애가 다시 개시되는 건 아니지만, 우리는 비숫한 궤도를 도는 우주의 물체처럼 한 시기를 공유하고 있다. 시절이라고 해야 할까. 어떤 이들은 이전에 관계 맺었던 이들의 연락처를 지우지 않고 간직한다고 했다. 추억이나 의미가 있어서라기보다는, 그 사람이 혹시라도 극단적인 선택을 앞두고 있을 때 자신에게 연락할지도 모르기 때문이라고 했다.

올해 여름이 가기 전에 250페이지의 만화를 그렸던 나는, 마찬가지로 학업에 매진하고 있던 A의 거처에서 한동안 머물렀다. 우리는 함께 시간을 보냈다. 새벽처럼 일어나 작업을 하고, 애니메이션을 보고, 식사를 하고, 집을 치웠다. 서로 근황을 나누지는 않았다. 대신 작품이나 인공지능 얘기를 했다. 간혹 요리하고, 과일을 샀다. 우리는 많은 말을 했지만 그간 서로가 보낸 시간에 대해선 입에 올리지 않았다. 그는 나를 잘 알고 있었다. 나를 돌보는 방법은 일을 아주 많이 하도록 내버려두는 것이니까.

함께 같은 공간에 머무르며 룰이 생겨났다. 도맡아 하는 가사의 분담. 세탁기를 돌리는 시간. 누군가의 상태가 좋아졌을 때 혹은 나빠졌을 때의 대처법. 스트레스가 고도로 달했을 때 서로 취하는 행동(나는 줄담배를 피우고, 상대는 말없이 영상 속 세계로 떠났다)……

그는 쓰레기를 비우는 걸 꺼렸기 때문에, 쓰레기를 내놓는 일은 내가 맡았다.

"내가 요리와 설거지를 할 테니 네가 청소와 정리를 맡아. 쓰레기를 네가 담아 묶으면 내가 모두 치울게."

만성적인 우울 삽화에 시달리던 그를 위해서 나는 여러 질문을 하고, 작은 행동들을 권했다.

"우울하면 밖에 나가지 않아도 돼. 내가 요리를 해줄게. 집에 머무를 거고 너를 보살필 거야. 과일도 많이 먹자. 네가 좋아하는 멜론을 사자. 냉장고에 버릴 반찬들이 쌓여 있지. 알아. 그것부터 치우자. 마트에 갈 기력은 있어? 괜찮으면 같이 갈래? 나가서 이불을 털고 낮에는 침구를 말리자. 커피를 사올게. 응, 안부도 전할게. 따뜻한 아메리카노? 디카페인으로. 그래."

그가 자신의 폭식이나 불면, 외출하지 않거나 씻지 못하는 행위를 자책하고 있을 때에는 다양한 행동에 함께 참여했다.

"오늘은 좀 기분이 더 별로인 거 같은데. 아, PMS라고. 빵이 먹고 싶으면 시켜. 나는 그럼 내가 좋아하는 냉면집에서 시킬래. 청소기를 돌릴 거야? 대단해! 아까 빵을 먹어서 기운이 났나 보다. 이따가 같이 짧은 영화라도 볼까? 그러면 저녁은 6시에 먹을 테니까, 청소하고 나갈 수 있겠어? 카페에 가 있으면 나도 그리로 갈게. 같이 일하자. 저녁은…… 음, 메뉴를 생각해 봐. 만들 수 있는 거면 만들자."

상대방의 증상이 나빠졌을 때 병원에 일찍 가길 권했다. 병원에 동행한 후 근처의 식당에서 식사를 하자고 제안했고, 병원에서는 함께 상태를 상술하는 것을 돕기도 했다.

"이따 병원 갈 때 같이 갈까. 왠지 내가 같이 들어가서 지금 상태에 대해 말을 덧붙여야 할 것 같아서…… 응. 네가 생각하는 심각과 내가 느끼는 심각성이 서로 다른 것 같아. 그럴 때는 제3자의 의견이 의사의 판단에도 도움이 되고. 자살에 필요한 용품을 구입한 그 얘기는 꼭 하고. 안 하면 안 되겠냐고? 안 돼. 약속이야. 네가 말 안 하면 내가 얘기할 거야."

이런 말과 행동은 정신질환자와 관계를 이어갈 때 정말 평범한 일상이 된다. 어려운 일은 아니다. 잔잔한 걱정과 상대를 챙기는 마음, 배려와 다정함이 있을 뿐이다. 그건 아마 관계 속 거의 모든 것에 스며들었을 터였다. 비가 고르게 내리지 않는 것처럼, 어느 부분은 진하고 어디는 연하지만 내게 깃든 살피는 마음은 관계 이후에 색이 바래지더라도 원형을 찾을 수 있다.

우리는 자주 싸웠지만 늦지 않게 화해하곤 했다. 당시에는 두렵고 공포스럽기만 했지만, 그 과정을 거치면서 의견과 의사를 표현하는 데 덜 어려움을 겪게 되었다.

"화를 내며 언성을 높여서 미안해. 너는 내 말을 수용하려고 노력하는데, 내가 그걸 알아주지 못하는 것 같아. 많이 우울하지. 기력도 없고. 아무것도 하기 싫은 상태인데 그래도 밤에 나가서 산책을 하고 오는 걸 보면서 새삼 대단하다고 느꼈어. 게다가 스트레스를 받았는데도 배달음식을 시켜 먹지 않았잖아."

"아까 이야기하면서 네가 굉장히 용기를 내서 요구 사항들을 말해줘서 고마웠어. 이런 압박이 심한 싸움과 갈등을 힘들어하는 거 알아. 요새 심신 상태도 그렇게 좋지 않았는데, 그럼에도 불구하고 감정을 드러내서 내게 무엇을 해달라고 말해줘서 좋았어. 내가 씻는 걸 도와줄게. 먹고, 자는 것을 옆에서 도울게."

우리는 서로를 관찰하고, 많은 칭찬을 덧붙였다.

"부쩍 체력이 는 것 같아. 어제 그렇게 무리한 일정을 소화했는데 오늘 이렇게 일찍 일어나서 준비를 마치고 커피도 사다주다니! 나는 오늘은 꼼짝없이 아무것도 못할 것 같은데. 점심까지 같이 쉬고, 이따가 다이소 가야 하는데 해 지면 같이 나갈까? 기왕에 걷기도 하고."

빗물이 고르게 고이지 않는 것처럼 어떤 곳은 깊은 웅덩이고 어떤 곳은 덜 젖은 땅이었지만, 서로에게 스며든 살피는 마음은 관계를 지속시키는 강한 동력이 되었다. 점점 솔직해졌고, 얼룩덜룩한 면을 서슴없이 말할 수 있었던 관계였다. 우리는 관계의 '가성비'를 따지지 않았다. 노력의 가성비나 효율 같은 것을 따질 필요가 없었다. 상대가, 내가 서로 최선을 다하고 있다는 걸 알고 있었으니까.

그래서 관계에 작용되는 편파와 치우침을 나는 중요하게 여긴다. 한 사람이 50퍼센트가 아닌 100퍼센트를 다할 때 다른 사람은 그것을 비로소 진정 어린 돌봄으로 받아들인다. 할당받은 분량만 수행하는 것이 아니라 전력을 다해 돌진해야 우리는 상대가 자신에게 진심임을 깨닫는다.

'손절'의 중요성을 설파하며 타인에게 감정노동하는 것을 극도로 꺼리는 요즘, 불필요한 사회활동을 낭비로 생각하며 소위 소시오패스 같은 것이 되길 선망하는 사회인 지금, 나는 여전히 전력을 다해 돌진해야 진심임을 깨닫는 낡은 방식을 고수한다. 정신질환 때문일까? 어떻게 보면 그렇다. 질환과 병증, 증세는 말하지 않으면 아무도 모른다. 숨기고 건강한 모습만 보이며 사는 사람도 많다. 하지만 내게 필요한 사람은…… 그래, 어떤 정신질환을 가진 사람이든 상관없다. 나는 그 사람과 충돌하는 운석이고, 패인 크레이터이며, 그렇게 서로 부수고 바꾸고를 거듭해가며 소멸과 창조를 거듭하는 관계로 남고 싶다. 동등한 별, 서로 응시하는 먼 곳의 두 점이 되고 싶다.

우리 같이 살아요

정신질환자와 지속적으로 함께 생활을 꾸리고 있는 경우라면 많은 것을 고려해야 한다. 같은 정신질환 당사자더라도, 사랑이나 애정이라는 말로 두 사람의 서로 다른 질병과 특성을 함부로 이어붙여선 곤란하다. 반면 정신질환을 경험한 적 없거나 정신질환에 대해 잘못된 지식이나 오해를 가진 경우 인식 수정이 필요하다. 어떤 이들은 정신질환자가 요구하는 모든 것을 들어주려 한다. 반대로 모든 문제를 환자의 탓으로 돌리며 정신질환과 그로 인한 증상을 비난하는 경우도 있다. 이러한 태도는 변화가 필요하다. 정신질환이 있는 이와 지내기 위해서 해야 하는 가장 기본적인 일들을 살펴보자.

첫째, 역할을 배분하기

내가 해온 여러 강연에서, 특히 환자와 가족 동반으로 온 경우 자주 나왔던 다음과 같은 질문이 있었다. "집에서 아무것도 하지 않는 환자를 어떻게 대하면 좋을까요?" 활동과 움직임이 거의 없고 정동도 단

조로워진 환자들에게 그들이 요구하는 대로 내버려두고 식사를 차려주는 일이 과연 맞는지, 다른 방법으로 대해야 하는지에 관한 물음이었다. 여기에 대한 나의 대답은 분명하다. "환자이기 이전에 가족 구성원으로서 해야 할 일이 있습니다. 역할을 만들어주세요." 극심한 무기력에 시달리는 경우 해내기 힘든 요구일지 몰라도, 이 과정을 거치지 않으면 환자는 가족 관계의 테두리 안으로 영원히 들어갈 수 없는 집안의 타자가 된다. '역할'은 단지 집안일의 배분을 말하는 것이 아니다. 모두가 일어나는 시간에 함께 일어나고 자는 시간에 함께 자는 것만으로도 역할을 수행하고 있는 것이다. 처음부터 집안일의 큰 부분을 배분하는 것이 아니라, 점진적으로 그 사람이 할 수 있는 일들을 나눠주고 스스로 작업을 마무리하기를 기다려야 한다. 이 것은 돌봄을 받는 정신질환자에게 꼭 필요한 일이다. 그렇지 않으면 삼시 세끼부터 운동까지 모두 시간표를 짜서 중증 정신질환의 자녀를 케어하려는 불쌍한 나이든 부모(다큐멘터리 간병 수기풍) 같은 모습이 된다.

애인이나 파트너, 친구 관계처럼 선택적 가족과 삶을 꾸리고 있는 경우는 어떻게 해야 할까? 함께 살고 있을 경우 위에서 언급한 '역할 분배'가 반드시 이뤄져야 하고, 최소한 불균형한 가사노동 및 생활비 문제를 합의해야 한다. 장기적인 관계를 희망할수록 서로가 '안정성'을 담보하는 노력을 보여야 한다. 선택적 가족의 경우 공간과 관계의 안정을 이루는 데 좀 더 어려움을 겪는다. 결혼이나 혈연관계 바깥의, 법적 구속력이 없는 불안정한 관계는 구성원이 정서적 어려움을 겪을수록 부담으로 작용한다. 그렇기에 둘 사이에 일어나는 불협화음들을 가볍게 여기면 안 된다. 보통 갈등은 초반에 생겨난 이유와 맥락과 상황이 그대로 계속 이어지기 때문이다. 관계에 있어 많은 경우 직접 솔직히 말을 전달하는 일이 가장 중요하다. 추측이나 짐작 등을 피하고, 말을 돌리지 않고 최대한 직설적으로 묻는 것도 갈등을 줄이는 방법 중 하나다.

둘째, 규칙을 정하기

우리는 많은 규칙을 정할 수 있다. 싸울 때 어떤 말은 하지 않는 것("네 집으로 가!" "헤어져")부터 '언성 높이지 않기' '회피하지 않기' 등 특정 행동을 하지 않는 것, 트라우마를 자극하는 주제를 조심스럽게 대하는 것 등을 예로 들 수 있다. 함께 정한 규칙들을 생각으로만 유의하는 게 아니라 적어두는 방법을 추천한다.

나는 규칙을 기록하는 노트를 가지고 있다. 갈등이 일어난 날의 정황, 내가 들은 말, 내가 해야 하는 말 등을 구분해서 적어두었다. 같은 갈등이 또 일어났을 때 기록해둔 방법을 응용할 수 있었고, 관계를 개선하는 데 큰 도움이 되었다. 특히 의사소통에 문제가 있거나 서로 다른 상식을 가졌을 경우 상대방과 대화를 하기에 유익했다.

이런 룰은 반드시 언어적 커뮤니케이션에만 적용되지는 않는다. 상대방과 의식주를 함께하게 되었을 때, 우울 삽화처럼 심각한 무기력증에 놓였을 때, 왜곡된 인식 체계를 가질 때, 휴식을 취할 때 등 거의 모든 순간 적용된다. 나는 상대와 같은 공간을 공유할 때 옷을 거는 방식, 밥을 먹는 방식, 추구하는 위생과 청결의 정도 등을 맞춰가며 환경 관리와 개인적인 생활에 조금씩 규칙이 생겨났다. 하지만 치약 짜는 방식이나 휴지 거는 방식으로 싸움이 생겨난다는 말처럼, 아무리 상대의 규칙에 맞추려 한들 갈등이 일어나게 되는 것은 어쩔 수 없다. 그러므로 우리는 갈등을 만드는 요인을 제거하는 게 아니라 갈등이 일어났을 때 어떻게 해결하는지에 좀 더 초점을 맞춰야 한다.

셋째, 정신질환자의 변동사항과 정보를 공유하기

정신건강의학과에 내원하고 약물 치료를 받고 있거나 상담을 받고 있다면 자신의 상태를 주저 없이 주변에 이야기하고 공유해야 한다. 특히 고위험군의 경우 가능한 많은 사람들에게 알리는 것이 좋다. 어떤 정신질환자들은 자신이 무언가를 해내지 못하게 되었다고 판단하면 극단적으로 연락을 끊거나 도피하거나 자살을 희망하기도 한다. 정신질환 증상의 추이를 주변과 함께 살필 경우 최소한 극단적 고립을 막을 수 있다.

정신질환자 스스로 무언가 하기 어려운 상태임을 다른 사람에게 알리는 것은 굉장히 복잡한 일이다. 그런 고백은 자신을 사회의 낙오자나 탈락자로 인정하는 것처럼 느껴질 수 있기 때문이다. 그러나 더 긴 시간의 차원에서 지금의 상태를 감추고 증상을 더 나빠지게 해 심각한 수준이 되어서야 진료를 받는 것과, 빠른 도움을 받아 순조롭게 완화되는 것을 비교하면 압도적으로 후자가 낫다. 증상을 알리고 도움을 받으면 자신에게 회복의 가능성이 있다고 생각하게 되고, 더 나빠진다면 할 수 없는 일들이 무엇인지 대비하며 미래를 각오하는 마음가짐을 가지게 되며, 사정을 알고 있는 주변인들의 도움을 더 빠르게 받을 수 있다. 특히 오랫동안 자신을 알아온 친밀한 관계에서는 정신질환을 문제 삼아 자신을 유기하거나, 비난하거나, 평가하지 않을 거라는 확신을 가져야 한다. 그렇게 관계가 유지될 수 있도록 노력하는 것은 최소한의 사회적 연결을 위해 꼭 필요한 일이다.

넷째, 사회적 활동과 경제활동에 참여하기

정신질환과 사회생활이 양립해야 생존을 도모할 수 있다는 사실은 정신질환자들을 좌절케 한다. 정신질환으로 인해 사회생활에 지장을 받아본 적 있는 이들은 이 경험에 대해 쉬이 말을 얻지 않고, 고통스러운 사회생활을 겪으며 정신질환이 발발해본 이들은 무조건 일을 하는 것이 우리를 나아지게 만든다고 호언하지 않는다. 이 틈 사이에서 우리는 균형을 잡으며 살아간다. 병으로 인해 할 수 없는 일과 그럼에도 불구하고 해야 하는 일을 스스로 분류하고 적절한 힘을 배분한다. 혼자라면 이런 전투를 치르는 것이 매우 힘들지도 모른다. 그러나 우리를 지지하고 응원하며 보살피는 환경이 있다면, 좌절과 절망 속에서도 자신을 가질 수 있는 힘을 얻을 수 있다.

나는 정신질환자들의 사회생활, 특히 경제활동을 장려한다. 돈이나 재화 등 물질적인 부분에서 이루는 성과는 정신질환자의 사회 적응과 자존감, 자기 탐구 욕망을 긍정적으로 만든다. 경제활동을 할 수 있는 소속, 세속적인 인간관계를 정신질환이 있다는 이유로 포기하지 않길 바란다. 내가 만난 정신질환자들은 일을 하는 이유에 대해 돈을 벌기 위해서기도 하지만, 사회적으로 한 사람의 몫을 한다는 기분이 들고 자기 효능감을 끌어올릴 수 있기 때문이라고 말했다. 또한 일을 해내보임으로써 아직 기능적으로 나빠지지 않았음을 확인하고 싶기 때문이라고도 답했다. 곁에서 그들을 돕는 이들은 서로가 한 명의 사회적인 개체로 존재하는 것을 느끼며, 서로 일을 알선하거나 주선하기도 했다.

사회적 활동을 하고 싶다면 반드시 긴밀한 관계인 사람에게 정신질환과 그로 인한 증상을 밝히는 것을 권한다. 가까운 이에게 정신질환을 숨기는 것은 나의 아군이 될 가능성이 가장 높은 사람을 방치하는 일이다. 상대방에게 자신을 드러냄으로써 문제를 함께 공유하고 해결해나가는 태도가 필요하다. 이런 태도는 관계의 안정성을 가져다주고, 이 관계 안에서 자신이 받아들여지며 상대가 나의 편이 되어 고민해줄 것이라는 사실을 깨달을 수 있다. 고립된 세계에서 사는 것이 아니라 자신이 사회를 살아가는 일원이며 아직 살아내야 하는 삶이 많은 인간이라는 것을 인식하고, 타인에게 존중받는 경험을 해야 한다.

특정 관계만 너무 공고해져 그 관계에 모든 것을 투자하지 말고 분산하는 편을 권한다. 내 경험을 예를 들면 연애만 하지 말고, 다른 관계와 연결점을 만들어야 한다는 뜻이다. 정신질환자와 맺는 관계망은 사회적·물리적으로 고립되기 쉽다. 사회활동이 가능한 상태라면 다른 사람들을 만남으로써 자신을 지지해줄 수 있는 여러 버팀목들을 만드는 것을 권한다. 좋아하는 일을 만들거나 취미를 개발하는 것도 추천한다. 취미생활을 하며 점진적으로 밖으로 나가는 방법도 있다. 자신이 환대받지 못할까 봐 걱정된다면, 소수자나 사회적 약자를 적극적으로 포섭하는 분야의 모임(비거니즘, 동물권, 기후위기 등)이나 '운동 모임'도 적극 권한다. (물론 다른 의미의 운동도 괜찮다.) 절대로 문전박대 당하지 않고 환영받을 것이다.

정신질환자와의 의사소통

　　의사소통의 차이는 정신질환자와 비정신질환자를 가리지 않고 모두에게 벌어지는 일이다. 사람들은 흔히 정신질환이 있는 사람들의 소통 방식이 (그들이 가진 정신적 결함으로 인해) 적합하지 않거나 상식적이지 못하다는 편견을 가지곤 한다. 그러나 정신질환자들은 누구보다 자신의 상태에 빠르게 반응하고 상대방의 감정 상태나 미세한 반응에 기민하기도 하다.

　　정신질환의 여러 군들 중에는 언어를 매개하지 않고 생각이나 사고가 비약하는 경우가 있고, 이를 설명하기 어려워하는 경우도 많다. 지나치게 예민한 이들은 생각이 많아 상대방에게 하고자 하는 말을 잘 전달하지 못하기도 한다. 정신질환이 있는 이들과 깊고 내밀한 관계를 맺을 때 발생하기 쉬운 문제가 바로 커뮤니케이션의 오류이다. 예를 들면 한 사람은 자신의 감정에 대해 공감받고 싶은데 다른 사람은 인격장애적 문제로 이것이 불가능한 경우, 아무리 노력해도 소통이 잘 이뤄지지 못할 때가 있다. 이런 상황에서 아무 문제가 없는 척을 해서는 안 된다. 결국 문제를 마주보고 타개해야 하는 시점이 오기 때문이다.

관계를 맺을 때는 내가 무엇을 생각하고 느끼는지 반드시 자세하게 상대방에게 설명할 의무가 있다. 이것은 모종의 책임이다. 우리는 상대방과 소통하는 다양한 장치를 만들어가야 한다. 어떤 이는 그가 가진 다른 능력에 비해 지나치게 취약한 소통 방식을 가질 수도 있고, 어떤 이들은 병적인 이유로 고도로 활성화된 소통 능력을 가질 수도 있다. 차이가 존재한다는 점을 받아들이고 인정하는 것이 핵심이다. 우리가 달성하고자 하는 목표는 세상에서 말하는 '상식적이고 일반적인 수준'의 대화와 커뮤니케이션이 아니다. 우리의 관계 속에서 서로의 문법을 맞춰가며 자신과 타자 사이의 요철을 조율해나가는 것이다.

무엇보다 중요한 것은 한 명이 다른 한 명을 일방적으로 돌보고 보살피는 관계가 아니어야 한다는 것이다. 상황이 너무 나빠져 전적인 케어가 필요할 때도 있지만, 그 외에는 분명히 내가 해줄 수 있는 일과 할 수 있는 일은 어디까지며 상대는 이런 역할을 해주었으면 한다는 약속이 분명히 있어야 한다. 정신질환자들이 잘 못하는 것이 '요구'다. 하지만 "나에게 무엇을 해줘" "나는 이러이러한 것을 원해"라는 말은 관계에 꼭 필요한 말이다. 혼자서 상대가 왜 이걸 알아주지 않을까 고민하기보다는 직접 말하는 편이 낫고, 이런 소통 방식은 연습과 시행착오를 겪으며 형성된다.

또한 실질적 문제에서 선을 긋고 자신이 할 수 있는 일과 상대가 할 수 있는 일을 잘 구분하는 편이 좋다. 동거를 하고 있는 경우 상호 규율을 정하고, 돈 거래를 할 때에는 차용증을 쓰는 등 구분선을 짓고 있어야 건전한 관계로 기능할 수 있다. 의식적으로 이를 인지하지 않으면 유야무야 넘어갈 수 있고, 추후 깊은 갈등이 생길 수 있으므로 염두에 두길 권한다.

◆

비정신질환자와 정신질환자의 상호 돌봄

정신질환자들은 비정신질환자와 반드시 교류하게 된다. 친밀한 관계로는 부모 등 가족과 친구나 연인 관계가 있다. 주치의나 상담사 등 치료를 위해 맺는 관계, 직업 등의 이유로 알게 되는 관계 등도 있다. 관계의 양상은 다양하며, 정신질환자들은 많은 비정신질환자들을 만나고 있다.

비정신질환자들이 생각하는 것보다 정신질환자들은 자신의 상태에 대해 잘 파악하고 있다. 다만 자신들이 가진 문제점을 해결하기 위한 지속적인 활동을 해내는 데 어려움을 겪고, 이는 '부정적인 경험 축적'으로 이어져 종내에는 '아무것도 할 수 없는' '죽음만을 열망하는' 무기력 상태로 수렴하기 쉽다. 비정신질환자가 상대를 돌보고 보살피고자 할 때 제일 부딪히는 부분은 정신질환자의 이슈나 트라우마보다는 학습된 무기력, 긍정 반응과 긍정 경험의 부재, 그리고 오랜 고립(시간이 오래된 것만이 아닌 깊숙한 고립 경험도 포함이다)에서 오는 무력감이다. 무관심, 무반응, 기대하지 않는 것, 신뢰하지 않는 것, 뭘 해도 달라지지 않으니 아무 것도 하고 싶지 않는 이 각종 무無에서 우러나는 대응들과 싸워야 한다. 신중하고, 끈질기게.

그러기 위해 할 수 있는 일들은 이렇다. 먼저 정신질환자들의 안부를 묻고, 모임이 있을 때 부르는 등 그가 사회적으로 연결되어 있음을 상기시켜주는 것이다. 함께 사는 동거인이 정신질환이 있는 경우 의무적으로 오늘은 어땠는지를 물어보는 것도 좋다. 상대가 하루 종일 유튜브만 보았고, 끼니도 제대로 챙기지 않았으며, 위생적 측면에서도 스스로를 돌보길 포기하고 있다 해도 그것을 평가하지 말자. 질문과 관심을 쏟고 그 사람의 말을 들어주는 것이 중요하다. 만약 자살 사고나 자살 충동을 느꼈다고 하면 당황하지 말고 "그래? 그러면 다음에 병원에 갈 때 얘기해보면 어때? 네가 말하기 어려우면 내가 해줄게. 아직 그렇게 말할 마음이 들지 않으면 말해줘"라고 말하는 등 진정 어린 반응을 보여주자.

정신질환자의 의료비나 생활비 일부를 지원해주며 경제적으로 돕는 것도 좋다. 많은 정신질환자들이 정신질환 자체의 어려움보다도 경제적 어려움에서 기인한 정신적 문제에 시달리고 있는 경우가 많다. 경제활동을 하기 어려운 중증 환자들은 병이 심화되거나 상태가 나빠져 병원비를 충당하지 못해 내원하지 못하는 경우도 많다. 가까운 정신질환자를 도우려 한다면 그에게 제일 시급한 것이 무엇인지 아는 것이 중요하며, 첫 질문으로 "병원은 다니고 있어?"라고 물어 그 물꼬를 틀 수 있다. 경제적 어려움으로 병이 심화되는 환자에게는 기분을 나아지게 하는 음료나 음식도 필요할 테지만, 궁극적으로 병원에 가도록 유도하는 것이 중요하다.

정신질환이 있는 이가 악화된 증상을 무시하거

나 치료를 거부하려 할 때는 개입해야 한다. 함께 병원에 가서 상대의 상태를 '증언'하고 현재 증상에 맞는 약물을 처방받은 후 조금씩 상태가 나아지면 기분을 환기할 만한 활동을 함께하자. 이 모든 것을 혼자 하려 하지 말자. 환자를 알고 있는 사람들과 나누어 해 나갈 수 있다.

하지 말아야 할, 주의해야 할 행동들도 존재한다. 첫째로는 정신질환으로 인한 '모든' 감정적 고통을 받아주는 것이다. 아무리 친밀한 사이라 해도 둘은 기본적으로 타인이며 서로 완벽한 이해가 불가능하다. 무조건적인 수용은 이후 조금만 어긋나는 일이 생겨도 관계를 깨뜨릴 수 있다. 두 번째로는 비정신질환자가 정신질환자의 삶 전반에 지나친 개입을 하는 것이다. 이런 경우 높은 확률로 정신질환자의 자율성과 주도성을 해치며, 그가 자신의 역할과 책무를 포기해버리는 결과로 이어질 수 있다. 세 번째는 구원자 콤플렉스이다. 정신질환자를 구제하려는 노력은 높이 사지만, 정신질환자들에게 '혁신적인 삶의 개선'이란 것은 없으며 그런 것을 요구할 경우 오히려 간섭이라고 느끼게 될 것이다. 비정신질환자들도 자신이 할 수 있는 것과 없는 것을 분리하고 고지해야 한다. 상대방을 고

치거나 바꾸려고 노력하기보다 당사자가 스스로 변화를 일구어나가는 과정을 존중해야 한다. 관계에서 생겨나는 문제의 원인이 모두 정신질환자에게 있다고 여기는 태도도 곤란하다. 관계가 깨지고 망가지는 이유는 한쪽의 명백한 잘못 때문이 아니라, 서로 조율에 실패했기 때문이다. 여기에서 나아가 한 번 실패한 구도의 관계를 다시 만들지 않으려는 극단적인 태도를 경계해야 한다.

◆

왜 우리더러는 알아서 돌보라고 말합니까?

돌봄이라는 화두는 오늘날 굉장히 큰 이슈가 되었다. 돌봄노동, 물리적인 돌봄, 정서적 돌봄 모두 중요하게 여겨진다. 특히 노인층이나 1인 가구 등을 중심으로 상호 돌봄의 시스템이 작동해 이들이 사회 경계 밖으로 나가지 않도록 하고, 한 명의 시민으로 사회를 구성해나갈 수 있도록 만든다는 이야기들을 곳곳에서 들을 수 있다.

이에 대해 반대하거나 이견이 있는 것은 아니다.

다만, 상호 돌봄을 이야기할 때 어째서 언제나 소수자나 약자의 상호 도움을 말하는 경우가 많은지 의문이 든다. 왜 사회적 약자들에게 상호 돌봄이라는 화두를 던져주고, 그들에게 이를 장려하는가?

'돌봄노동'을 구입할 수 있는 여건의 사람들과, 소수자들 사이의 돌봄 형태와 다르기 때문일 수 있다. 정부 차원에서 정책적으로 또는 시스템적으로 이들을 적극 지원하려 하지 않기 때문일 수도 있다. 돌봄 문제는 유난히 사회적 약자들 사이에서 많은 논의가 이뤄지며 그들은 돌봄, 특히 상호 돌봄 및 집단 돌봄에 관해 적극적인 태도를 보인다. 이는 아이러니하게도 사회에서 탈락한 이들이 서로 돕는 것은 정부의 정책을 위협하지도 않고, 사회 기능을 유지하는 데 위협이 되지도 않기 때문이라 할 수 있다.

그런 의미에서 사실 나는 돌본다는 행위에 대해 완전히 낙관적인 입장이 못 된다. 그리고 일정한 '노동'의 영역이 '돌봄'이라는 말로 대체되는 것을 우려한다. 그래서 최근 대두한 '돌봄'의 이야기에 다각도로 접근해야 한다고 생각하게 됐다. 돌봄을 구입할 수 있는 사람은 돈을 지불하면 그만이다. 하지만 그러한 경제적 여건을 갖추지 못한, 사회적으로 정의되는 '시민'

의 범주에서 이탈한 이들에게 스스로 돌봄을 해결하
길 권하는 이중적 양상을 비판하고 싶다.

◆

관계를 만들어내는 손, 돌봄을 들여다보는 눈

사람들은 종종 돌봄이라는 것이 이 시대의 위기
에 대한 마지막 보루인 것처럼 여길 때가 있다. 선한
사람들의 선한 마음, 그리고 선한 결과. 하지만 나는
그것은 판타지에 가깝다고 생각하며, 사람들이 돌봄
을 지나치게 이상적인 해법으로 여긴다고 늘 생각해
왔다. 돌봄이란 어느 정도 이해타산이 맞을 때 가능한
것으로 보였다. 그러나 막상 돌봄을 실천하는 이들이
너무나도 밝게 웃으며 궂은 일을 자처하는 것을 볼 때
마다 그 동력이 어디서 오는지 궁금했다. 모두가 상대
를 헌신적인 마음으로, 순수한 마음과 동정심과 자비
로움을 가지고 대할 수는 없다고 나는 생각한다.

그러나 나는 진심으로 돌봄의 효과를 믿는다. 나
또한 그것들을 받으며 살아왔기 때문이다. 하지만 돌
봄이 정신질환자들을 반드시 돕지만은 않는다는 점

도 뼈저리게 안다. 사람들이 날린 종이비행기 모양의 선의가 내게 닿을 때마다 피부를 꿰뚫는 것 같기도 했다. 나를 비껴가는 호의와 선의를 모두 붙잡을 수도 없었다. 때로는 서로 애써 돌봤기 때문에 더 크게, 더 상처 주는 방식으로 싸우기도 했다. 너무 돌봤기 때문에 관계의 종말 뒤 영영 만나지 않기도 했다. 정신질환자들의 상호 돌봄은 흔히들 이야기하는 '돌봄'과는 성격이 조금 다르다고 느낀다.

나는 아직 이 조금 다른 '돌봄'을 대체할 수 있는 단어를 찾지 못했다. 최근 나는 중증 정신질환자들을 인터뷰하며 공통된 질문을 했다.

"자신을 보살피는 존재에게 어떤 기분이 듭니까?"

인터뷰 대상의 100퍼센트가 "고맙다"와 "감사하다"라는 대답을 했다. 그러나 나는 그 말이 공통적으로 나오는 이유가 정말로 보살피는 상대에게 감사하기 때문만은 아니라고 생각했다. 고마움과 감사함 이외에 우리가 돌봄을 받는 데서 느끼는 풍부하고 복합적인 감정들을 설명하는 단어들이 부족하기 때문에 (어쩌면 존재하지 않기 때문에?) 이들은 반사적으로 그리고 자동적으로 '고마움'이라 말하는 것 같았다.

기존의 돌봄에 대한 논의와 주장은 정신질환자

들 사이에서 이뤄지는 돌봄을 설명할 수 없다고 느낀다. 아직까지 이를 설명하는 언어도 찾지 못했다. 그러나 반드시 정신질환자들이 주고받는 돌봄에 대해, 때로는 고도로 폭력적이기까지 한 이 관계를 조명해야 한다고 생각했다.

내가 돌봄을 함께 나눴던 이와 만들었던 요리가 있다. 계란말이에 된장찌개. 우리는 이것을 '리단 정식'이라 불렀다. 종종 뭘 먹고 싶냐고 물었을 때 "리단 정식"이라고 말하던 그의 모습이 선명하게 기억난다. 우리는 함께 야채나 버섯을 샀다. 다 익지 않은 당근의 식감을 싫어했던 그를 위해 당근을 잘 다진 뒤 전자레인지에 한 번 돌려 만드는 거대한 계란말이. 시장에서 장을 보았던 날들. 스포츠 경기를 보면서 저녁을 먹었던 날들.

우리는 이제 안다. 그 시간 동안 서로 전부를 다해 진심으로 상대를 생각하고, 아끼고, 돌봤다는 것을. 그리고 우리에게도 끝이 왔지만, 그 끝이 함께한 시간을 가져가지는 못한다는 점을 안다. 많은 요리를 했다. 상대도 부산스럽게 빨래와 청소를 했다. 간간이 함께 밤 산책을 나갔고, 왠지 그런 날에는 미래에 무엇을 할 건지 얘기를 깊이 하게 되었다.

종종 인터뷰에서 이런 질문을 받는다.

"정신질환자와 함께하는 관계가 어땠나요?"

나는 웃으며 답한다. 언제나 최고의 연애였다고.

독자 북펀드로 《누군가의 곁에 있기》에 함께해주신 분들

MJ·seulahlee·soogi이남숙·강민지·검은별·고다윤·

고마워서그래·고우정·고희숙·구선아·권사마·금개·

김관석·김성윤·김소희·김숭아·김영아·김예림·

김예진·김주영·김해나·나의 생에게·나희경·

남기범·남병길·남지현·다정 한·류혜영·림보책방·

마이농·문성민·문예찬·문주연·문효영·뭔들·박다정·

박수영·박수진·박아현·박엽록·박예솔·박지호·

박지홍·박환희·방호성·버드·보리와민아·보현·

비건책방·사랑의요정·사영·서네·선아·손수연·

손영민·수·신지선·신한철·써드라인·오재국·오현주·

오흥권·유재이·윤용석·이광호·이복규·이세연·

이지연·이큐포올·장은채·전병주·정한경·정현경·

정화령·정희정·제·조시은·차은우·초원·최미혜·

최수지·피클유리언니·하은빈·한결·한보원·한빛샘·

한유림·한지완·함기주·함께걷는발달연구소·현슬기·

홍산·홍예진·황보규리·황성원·황성혁·황신혜·

황유라·황유현·황지현

그 밖에 이름을 밝히지 않은 75분을 포함해 총 175분께서
참여해주셨습니다. 감사합니다.